JN033531

一歩
進める　英語学習・研究ブックス

ネイティブの常識表現が身につく

英語の慣用句・常套句小辞典

山田詩津夫

開拓社

はじめに

　この本がどのような目的で書かれ，なにを伝えようとしているのか
をお話しするにあたり，まず著者の経歴から始めたいと思います．私
は20代の終わりに英和辞典の編集にたずさわるようになり，以後現
在にいたるまで複数の出版社の英和辞典や和英辞典の編集にかかわっ
てきました．英語はもともと好きで，本を読んだり，テレビドラマや
映画を見たりしながら，使えそうな表現などをノートに書きとめたり
していたのですが，辞書の仕事をするようになってから，本格的に用
例採集にとりくみました．すると，テレビドラマなどでよく使われる
口語表現が辞書にないことが多いのに気づきました．辞書に採録され
ていても，訳語が不適切だったり，説明不足だったりするものもあり
ました．英和辞典は英米の出版社から出ている英語辞書を参考にして
つくるのですが，本当によい英和辞典をつくろうとするなら，英米辞
書の説明を翻訳するのでよしとするのではなく，自分で用例採集をし
て，どんな意味でどのように使われるのかを知る必要があることを実
感しました．

　一般向けの英和辞典はいくつもの出版社から数多く出ていますが，
規模も内容も同じようなものが大半です．私自身，A出版社の英和
辞典でやったのとほとんど同じような作業をB出版社の辞書でもや
り，さらにC出版社の辞書でもやる，という経験をしています．時
期はそれぞれ異なるので，参考にする英語辞典が新しい版になってい
たりはしますが，内容はほとんど変わりません．正直のところ，同じ
ような辞書を新しくつくるのは，時間と労力とお金の無駄のように思
えました（もっとも，そのおかげで私のようなフリーの編集者が食い
つなぐことができたわけですが）．すでにあるものは既存の辞書にま
かせて，まだどこにもない新しいもの（たとえば収録語彙数は2万語
ほどで用例を充実させた辞書など）をつくったらいいのにと思い，そ
のように出版社の人に提案したこともあるのですが，そういうことに

挑戦する気はないようでした.

　それなら個人でやろうと思ってすこし始めてみたものの, 語彙数8000語ほどにしぼった辞書でもひとりですべてをやるのは大変で, 生活費をかせぐための仕事をしながらではとても不可能だと断念しました. 用例を充実させた英和辞典は無理でも, 既存の辞書を補完するための小辞典的なものならできそうです. 会話で使われる慣用的な表現は, 英和辞典はもとより英米で出版されている英語辞典にも拾われていないことが多いので, そうした表現を集めた辞書的な本は有益だろうと考えました. このアイデアを気にいってくれた編集者がいて, 『アメリカ人ならだれでも知っている英語フレーズ4000』(小学館, 2005) という本ができました. さいわい, 発売直後から順調に売れて, 現在まで版を重ねています.

　本当はその本にいれたかったのに, スペースの都合などで割愛したフレーズがいくつもあったので, いつか増補改訂版をだしたいと思い, そのあとも用例採集を続けました. しかし, この20年近くのあいだに世の中がすっかり変わってしまいました. 今はネットの情報が格段に充実して, 各種の辞書が電子化されているだけでなく, さまざまなオンライン辞書が公開されています. 英語について疑問を感じたら, 簡単にネットで調べられる環境になったのです. 調べてもわからないときは, ネイティブに直接に質問できるサイトもあります. 従来のような, 調べるための辞書を紙の本として新しくだす意義はほとんどなくなってしまったように思われます. そして, 私が考えていた増補改訂版フレーズ辞書をだす意義も薄れてしまったようです.

　しかしながら, 調べるための大部の辞書ではなく, 必要な知識を得るための小型辞書的なものの意義はかえって大きくなっているかもしれません. よく使われる英語なのに, 一般の英和辞典からもれている語句や表現は依然として数多くあります. また, 辞書や英会話教本などからは学べない英語の常識というものもあります. たとえば, 次のようなものはネイティブは自然に身につけていますが, どれくらいの日本人が知っているでしょうか.

1. 人の名前 (姓)

　個人の名前がそうであるように，人の姓も単に家族の名を表す記号ではなく，それぞれに意味があり，特徴があり，出自などの情報を秘めています．次のジョークをご覧ください (https://upjoke.com/reilly-jokes より)．

　　"My sister married an Irishman." "Oh, really?" "No, O'Reilly!"

日本語に訳せば，「姉さんがアイルランド人と結婚したんだ」「へえ，そうなんだ？」「違うよ，オライリーだよ」となりますが，これでは会話がかみあわず，意味不明です．しかし，アイルランド人は O'Reilly や O'Brien のように O'- のつく姓が多いと知っている英米人は，最後の "No, O'Reilly!" という発言は相手の "Oh, really?" を「結婚相手のアイルランド人の男はオリアリーか」という意味に誤解して答えたものだとすぐにわかります (/ouríəli/ という発音の姓はおそらくありませんが，よく似た O'Leary /oulíəri/ という姓があるので，早とちりしたのでしょう)．

　姓についての知識があると，テレビドラマや映画の中のやりとりをより深く理解できます．昔，NHK で『TV キャスター　マーフィー・ブラウン』(*Murphy Brown*, 1988–98) というコメディー番組を放送していました．*FYI* という架空の報道番組を舞台にしたもので，そのプロデューサーはマイルズ・シルバーバーグ (Miles Silverberg) というユダヤ系の男性ですが，あるとき彼はトニー・ロケット (Tony Rocket) という，女性やマイノリティー・グループを嘲笑するコメディアンを番組に招きました．そして，ロケットがスタジオに来たときに，次のような会話がなされました (この場面を見るにはこちら：https://archive.org/details/murphy-brown-s03E02-brown-and-blue)．

Silverberg:　Mr. Rocket. We spoke on the phone this morning.
Rocket:　Right. Silverstein.
Silverberg:　Silverberg.
Rocket:　Like there's a difference!

「ロケットさん，けさ電話でお話ししたものですが」「ああ，シルバースティーンね」「シルバーバーグです」「どっちだって同じじゃないか」といった意味です．Like there's a difference! はちょっとわかりにくいかもしれませんが，直訳すると「違いがあるかのようだ」で，その意味するところは「(あなたは違いがあるかのようにいうが)同じじゃないか」です（この like の用法については本文を参照）．ロケットは単に Silverstein と Silverberg が半分同じだといっているのではなく，「Silverstein だろうが Silverberg だろうが，どっちも典型的なユダヤ系の名前で，違いなんてないも同然だろ」という，軽蔑的な意味をこめているのです．

2. 擬声語・擬音語

昔ベストセラーになった『塀の中の懲りない面々』（安部譲二 著）という本には，借用書を食べてしまう「紙喰いのメエ」なる人物が登場します．ヤギは「めえ」となき，紙を食べる習性があることが日本人にとって常識なので，こういう異名がつくわけです．英語も同じで，ある動物やものとその擬声語・擬音語が常識になっていることが多く，それを知らないと次のジョークなどを理解できません（*CHUCKLE, CHUCKLE, THE CHILDREN'S JOKE BOOK*, by Anne Leadercramer and Rosalind Morris, 1988 から引用）．

A duck goes to a library every day, taking back one book and taking out another. After a while, the librarian gets suspicious and follows the duck. They come to a large frog on a lily leaf with a pile of books saying: 'Read it! Read it!'

毎日アヒルが図書館に来て，本を1冊返し，また1冊借りていきます．そんなことがしばらく続いたあと，図書館員は不思議に思ってアヒルのあとをつけてみました．すると，その先には大きなカエルがスイレンの葉にのっていました．そこにはうず高く積まれた本があり，カエルは「それは読んだ．それは読んだ」といっていました．

和訳では，なにがおもしろいのかさっぱりわかりません．英和辞典で frog や read を引いても手がかりなしです．でも，英語圏の人は，Read it! Read it!（これは I read it! I read it! の主語が省略されたもので，発音は /rédit rédit/）がカエルのなき声の ribbit, ribbit /ríbit, ríbit/ にかけただじゃれだとすぐにわかります．frog という語と ribbit, ribbit という擬声語は，ひとつのまとまった知識になっているのです．

3. 引用句

英語を理解するためには，有名な引用句の知識も必要です．英米人ならばほとんどの人が知っている聖書やシェークスピア，日本ではマザーグースとして知られる伝承童謡や民謡，テレビや映画の有名なせりふなどを踏まえた表現が使われることがよくあります．たとえば，大リーグ1年目の大谷翔平選手がホームランを打ったとき，解説者のマーク・グビザ（Mark Gubicza）さんは Shohei the money! といっていました．文字どおりには「翔平は金だ！」ですが，これは映画『ザ・エージェント』（*Jerry Maguire*, 1996）のせりふのもじりです（くわしくは本文 money の項の Show me the money! を参照してください）．

また，テレビドラマの『NCIS ネイビー犯罪捜査班』第7シーズン第1話（*NCIS*, Season 7, Episode 1）では，ジヴァ・ダヴィード（Ziza David）捜査官とアンソニー・ディノッゾ（Anthony DiNozzo）捜査官（通称 Tony）が参考人に事情聴取する場面が出てきます（https://quotes.wikideck.com/NCIS_(season_7) から引用）．

Ziva: First Sergeant Tibbens?
Tibbens: You can call me "Tibbs."
Tony: Do they call you Mr. Tibbs?

「ティッベンス先任下士官ですか」「〝ティッブス〟と呼んでください」「君はみんなからティッブスさんて呼ばれているのかい」という意味ですが，トニーがなぜこんな質問をしたのかというと，映画オタクの

彼は「ティブス」と聞いて，映画『真夜中の捜査線』(*In the Heat of the Night*, 1967) で主人公の黒人刑事ティブスがいう有名なせりふ They call me Mister Tibbs!（私はティブスさんと呼ばれているよ）を思いだして，ちょっとからかったわけです．このように，名句辞典に採録されているような文学作品などの名句だけでなく，映画やテレビの有名なせりふも知っておくと，海外ドラマなどをより楽しむことができます．

4.　皮肉

　一般に，日本語はもって回ったいいかたをして，英語は直接的に表現するといわれますが，実際のところ，日本語のほうがはるかに直接的で，英語は実に遠回しな皮肉が多くて，理解しにくいケースが多いように思います．たとえば，米国の警察ドラマ『クローザー』(*The Closer*, 2005-12) の第1シーズン第13話 (Season 1, Episode 13) では，主人公のジョンソン本部長補佐が訪問先の事情聴取相手から「許可なくしつこくまた来るなら，上司に苦情をいいますよ」といわれて，You might have to take a number. と答える場面があります．字幕は「電話しなさい」となっていましたが，本当は「そういう人はいっぱいいますから，順番待ちを覚悟したほうがいいかもしれませんね」という皮肉をこめた発言です（くわしくは，本文の number の項の Take a number. をご覧ください）．

　別の例としては，前著『英語フレーズ4000』に採録した Don't quit your day job.（昼間の仕事をやめるな）があります．音痴の人が鼻歌を歌っていたりすると，日本語なら「へたくそだね」などというところを，英語では「あなたの歌唱力ではとてもプロにはなれないから，まちがってもプロになろうなどという無謀なことは考えずに，いまやっている昼間の仕事をやめたりするなよ」という皮肉としてこういう表現を使うわけです．特に会話の英語の意味がとりにくいときは，皮肉ではないかと考えると腑に落ちることが結構あります．

　このように，実際の英語は辞書や教科書，英会話教本などから得た

知識だけでは理解できない使われかたをします. テレビドラマや映画などを見て, そうした英語の用法をひとつずつ習得していくのが一番ですが, 姓についての情報や引用句などはその国で生活しているならともかく, 日本にいる学習者が自然に身につけるのは簡単ではなく, 本などから学ぶしかありません. 本書はよく使われるのに中型英和辞典にない英語フレーズとともに, そうした周辺的な情報をも提供することを目的として書かれました.

　この本でとりあげる英語表現は, 私がテレビや映画, 本などから採集した実例を土台としています. 既存の英和辞典にあるものと, 前著『アメリカ人なら誰でも知っている英語フレーズ 4000』でとりあげたものは基本的には割愛しましたが, 一部, 英和辞書の訳語や説明が不適切または不十分と思われるものは採録しました. 中級レベル以上の人が読んで勉強になると同時に楽しめるものになるようにとの考えから, 知らなくても特に困らないが, 知っているとおもしろいと思われる表現なども収録しました.

　最後に, 本書の構成と注意点をあげておきます.

・英和辞典を補完する小型辞書的書物として, アルファベット順に見だし語と, その見だし語を含むフレーズ的語句を掲載しました. 最初からとおして読むだけでなく, 辞書のようにページをぺらぺらめくって拾い読みしても楽しめるようになっています.

・既存の英和辞典を補完するという目的から, 本書がとりあげる語句や表現は網羅的であることを目ざしていません. 聖書やシェークスピアなどの引用句, ことわざ, 伝承童謡, 比喩表現などは, それぞれが 1 冊の本になるほどの量があります. それらについてまとまったものをお読みになりたいかたは, その種の本にあたるなり, ネットで調べるなりしてください.

・ことわざや伝承童謡などの文句はいろいろなバージョンがありますが, 比較的よく知られていると思われるものをあげました.

・同じような内容を表す表現がいくつかある場合, それらもなるべく採用しました. 語学には反復練習が大切なので, 同じような表

現を複数読むことで，記憶に定着しやすくなるようにとの考えからです．同じ趣旨から，なるべく空見だしを立て，相互参照をつけるようにしました．

・名詞句に相当する見だしや，日本語に対応する英語表現を括弧で示す際は，冠詞がつくものも，一部の例外を除き，辞書の見だしと同じように冠詞なしにしました．

・見だし句の文字どおりの意味と実際の意味にへだたりがあるときは，最初に亀甲括弧（〔　〕）で直訳を示し，そのあとにその表現に相当する日本語訳を示しました．

・見だし句の説明では「ことわざ」「格言」「常套句」などを使っていますが，厳密に使いわけているわけではありません．英語の辞書などを見ても，同じ表現が proverb, saying, adage, maxim などと説明されていたりします．

・上で説明したように，英語では皮肉に使うことが多いので，特にそのような傾向がある表現にはそのむねの説明をいれました．

・日本語の言葉使いには男女の違いがあるため，見だし句や用例の訳にもそれが出ている場合がありますが，英語の用法として男女の区別があるというわけではありません．

・適宜コラムをもうけて，その語句や表現に関する補足的情報をいれました．前述の姓についての情報は name の項のコラムにまとめてあります．

本書によって読者のみなさんが英語の理解をさらに深められることを願っています．

2023 年 8 月

山田　詩津夫

above （... より）上に

As above, so below.

上のごとく，下もしかり.

◆神秘学 (occultism) の格言で，霊界（あの世）と物質界（この世），あるいはマクロコスモス（大宇宙＝宇宙）とミクロコスモス（小宇宙＝人体）は対応しているという考え．出典は古代神秘主義文献写本の『ヘルメス文書』(*Hermetica*) に連なるとされる「エメラルド・タブレット」(Emerald Tablet) だが，表現は違っている.

abuse　乱用（する）；虐待（する）

The abused become the abuser(s).

虐待の被害者が虐待の加害者になる.

◆幼少期に家庭内暴力や性的虐待などを受けた人が，長じて家庭内暴力や性的虐待をするようになることをいう．見だしの句は the abused を複数ととらえた表現で，単数ととらえて The abused becomes the [an] abuser. ということもある．類似表現に The hunter becomes the hunted. がある (hunter の項を参照).

abyss　深淵

And when you gaze long into an abyss, the abyss also gazes into you.

そして深淵を見つめるとき，深淵もまたこちらを見つめているのだ.

◆ドイツの哲学者フリードリッヒ・ニーチェ (Friedrich Nietzsche) の『善悪の彼岸』(*Beyond Good and Evil*, 1886) の 146 節 (Aphorism

146) にある言葉. He who fights with monsters should look to it that he himself does not become a monster. (怪物と戦うものはみずからが怪物にならないように気をつけなくてはならない) のあとに続く.

▌ accept　受けいれる；承諾する

Accept who you are.

ありのままの自分を受けいれなさい.

◆助言としてよくいわれる.

God grant me the serenity to accept the things I cannot change.

神よ，自分には変えられないものを受けいれる平静な心を私にお与えください.

◆アルコール依存症の人たちの相互支援組織などが採用する「12 ステップ・プログラム」(Twelve-step program) などで唱えられる祈りの言葉. 出典は米国の神学者ラインホルト・ニーバー (Reinhold Niebuhr) による『ニーバーの祈り』(*Serenity Prayer*) だが，さまざまなバリエーションがある. 「12 ステップ・プログラム」で使われているのは次のとおり (引用句の斜線部分は原文での改行を示す. 以下同).

> God grant me the serenity to accept the things I cannot change, / Courage to change the things I can, / and Wisdom to know the difference.
>
> 神よ，私にお与えください，自分が変えられないものを受けいれる平静な心を，／自分が変えることのできるものを変える勇気を，／そしてその違いを知る知恵を.

▌ adapt　適応する

Adapt or die.

適応するか死ぬか.

◆ビジネス界でよく使われる常套句で, 生き残るためには適応しない といけない, という意味. 米国映画『マネーボール』(*Moneyball*, 2011) でブラッド・ピット (Brad Pitt) 演じる主人公ビリー・ビーン (Billy Beane) のせりふにも使われている.

advice　助言, 忠告, アドバイス

Advice is cheap.

忠告は安い.

◆よくわからないことがあったら人に相談するほうがよい, という意 味のことわざ. また, 「忠告は安っぽい」という意味で, 忠告は受け るのも与えるのもやめたほうがよい, という場合にも使われる.

Advice when most needed is least heeded.

〔もっとも必要とされるときの忠告がもっとも少なく留意される〕忠告は必要と されるときほど軽んじられる.

◆ことわざ

The best advice is found on the pillow.

もっともよい忠告は枕の上で見つかるものだ.

◆よく寝ればいい知恵も浮かぶ, という意味のことわざ.

age　年齢, 歳;年をとる

Act your age, not your shoe size.

〔靴のサイズではなく, 年齢に応じたふるまいをしなさい〕年をわきまえなさ い;おとなげないことをするな.

◆Act your age. を強調した表現.

靴のサイズ

英・米（とカナダ）では男性，女性，小児でシステムが異なる．また，メーカーなどによる違いもあるが，一般的には次のとおり．

米国の紳士靴（male adult shoe）は長さ 12 インチ（30.5 cm）がサイズ 12 で，1 バーリーコーン（barleycorn）= 1/3 インチごとに 0.5 ポイント刻みでサイズが増減する．たとえば，サイズ 11 の靴は 12 インチよりも 2 バーリーコーン（2/3 インチ）小さく，サイズ 13 はその分だけ大きい．

女性は男性のサイズよりも 1.5（または 2）多く，女性のサイズ 10 は男性の 8.5（または 8）に相当する．英国では米国より 0.5（または 1）少なく，英国の 12 は米国の 12.5（または 13）に相当する．

いずれの場合も，靴のサイズは年齢よりもずっと小さな数になる．

Age cannot wither her, nor custom stale her infinite variety.
年齢も彼女をおとろえさせられず，慣れも彼女の無限の変化を色あせさせることなし．

◆ シェークスピア（Shakespeare）の『アントニーとクレオパトラ』第 2 幕第 2 場（*Antony and Cleopatra*, Act 2, Scene 2）にある言葉で，いつまでも魅力的で，何度会っても違う顔を見せるのであきることがないクレオパトラについて述べたもの．いくつになっても魅力的な女性を形容する場合などに引用される．

Age is a state of mind.
〔年齢は心の状態だ〕年齢は気持ち次第．

◆ You are only as old as you feel.（年齢は自分がどう感じるかだ）とほぼ同じ．Age is only [but] a state of mind.（年齢は心の状態にすぎ

A

ない）ともいう.

Age is just a number.

年齢はただの数字にすぎない.

◆年齢に関係なく若々しい人はいるという場合や，（恋愛などにおいて）年齢差は関係ないという場合などに使われる．Age is nothing but a number. ともいう.

Never ask a woman her age.

女性に年齢を聞くものではない.

◆同様のタブーに Never ask a woman her weight.（女性に体重を聞くものではない）がある．gentleman の項の A gentleman never asks and a lady never answers. を参照.

Never put an age limit on your dreams.

夢に年齢制限をもうけるな.

◆米国の競泳選手ダラ・トーレス（Dara Torres）の言葉で，いくつになっても夢をあきらめるな，という意味．彼女はオリンピックに5度出場し，1984 年のロサンゼルス大会から3大会連続で水泳のリレー種目で金メダルを獲得，2008 年の北京大会では 41 歳で3個の銀メダルを獲得した.

Old age sure ain't for sissies.

老齢は確かに弱虫向きではない.

◆高齢になると体力・知力その他いろいろ問題が起こり，強い人間でないと耐えられない，という意味のことわざ.

With age comes wisdom.

年齢を重ねると知恵がついてくる；亀の甲より年の功.

◆アイルランドの詩人・劇作家オスカー・ワイルド（Oscar Wilde）の言葉．With age comes wisdom, but sometimes age comes alone.（年齢は知恵とともにやって来るが，ときとして年齢だけが来ることもある）と続く．年齢を重ねただけで知恵がつかないと，There's no fool like an old fool. (年寄りのばかほどのばかはいない) といわれる.

You haven't aged at all.

少しも歳をとっていませんね.

◆ いつまでも若々しい人に対するほめ言葉. You look like you haven't aged at all. (すこしも歳をとっていないみたいですね) や You don't seem to have aged at all. も使われる.

| ahead　前に；前もって

(I'm) way ahead of you.

〔私はあなたよりもずっと先んじている〕そんなの先刻手配済みだ；もうやってあるよ.

◆ 相手が「これをやって」などといったときの返答. 先回りの対応をする例としては, You're always one step ahead of me. (あなたにはいつも一歩先を越されている), We need to get ahead of this. (先手を打ってこれを防ぐ必要がある) などの表現もある.

Let's not get ahead of ourselves.

〔自分たちの前に出ないようにしよう〕先走らないようにしよう；まだ決まったわけじゃないから.

◆ 事態の推移はまだ流動的なので決めつけてはいけない, というときに用いる. get ahead of *oneself* は「先走る, 早まる」という意味で, Don't get ahead of yourself. (そう早まるな), You're too [way] ahead of yourself. (あまりにも先走りすぎだよ) などと使う.

| airplane　飛行機

Here comes the airplane! → come の項を参照.

Oh, no, it wasn't the airplanes. 'Twas Beauty killed the Beast.

違うさ．飛行機じゃない．あの野獣を殺したのは美女だよ．

◆米国映画『キングコング』(*King Kong*, 1933) の中で，登場人物の映画監督カール・デナム (Carl Denham) がいうせりふ．'Twas は It was の縮約語．

alas　悲しいかな；ああ；おお

Alas, poor Yorick!

ああ，哀れなヨリック．

◆シェークスピア (Shakespeare) の『ハムレット』第5幕第1場 (*Hamlet*, Act 5, Scene 1) で，ハムレットが墓場で道化師ヨリックの頭蓋骨に語りかける言葉．人生のはかなさを嘆くときによく引用される．

alcohol　酒，アルコール

Alcohol and driving don't mix.

〔酒と運転はなじまない〕飲んだら乗るな．

◆Don't drink and drive. とほぼ同じで，飲酒運転を戒める言葉．Drinking and driving don't mix. (飲酒と運転はなじまない) ともいう．

It's (just) the alcohol talking.　→ talk の項を参照．

alive　生きて；存命して

At least you're alive.

少なくともまだ命はあるわけだから．

◆大きな事故にあったり，大病をしたりした人などに，「生きている

だけましじゃないか」と慰める言葉. At least you're not dead. ともいう.

If I wasn't hard, I wouldn't be alive.
タフでなければ生きていけない.

◆米国の推理作家レイモンド・チャンドラー (Raymond Chandler) の小説『プレイバック』(*Playback*, 1958) で, 探偵フィリップ・マーロウ (Philip Marlowe) がいうせりふ. このあとに, If I couldn't ever be gentle, I wouldn't deserve to be alive. (優しくなれないのなら生きている資格がない) と続く.

It's alive! It's alive!
生きているぞ. 生きているぞ.

◆米国映画『フランケンシュタイン』(*Frankenstein*, 1931) でフランケンシュタイン博士が怪物に生命を吹きこむことに成功したときのせりふ.

all　すべての (人, もの); みんな

All things to all men [people].
すべての人に対してすべてのものに.

◆新約聖書の「コリントの信徒への手紙一」9章22節 (1 Corinthians 9:22) から出た常套句で, 「すべての人のためにあらゆる存在となって尽力する」という意味. 実際にはそのようなことは不可能だ, という否定的な文脈で使われることが多い. 現在では性差別を避ける意味から men の代わりに people がよく使われる. 聖書の該当箇所は次のとおり (聖書については次ページのコラムを参照).

> To the weak became I as weak, that I might gain the weak: I am made all things to all men, that I might by all means save some.
>
> 弱い人に対しては, 弱い人のようになりました. 弱い人を得るためです. すべての人に対してすべてのものになりました. 何とか

A

して何人かでも救うためです.

Aren't we all? / Don't we all? → we の項を参照.

聖書とは

　聖書 (Bible) はキリスト教 (Christianity) の聖典で, ユダヤ教 (Judaism) の聖典をほぼそのまま引き継いだ旧約聖書 (Old Testament) と, イエス・キリスト (Jesus Christ) の言行録や初期キリスト教会の活動記録などを集めた新約聖書 (New Testament) からなる. ユダヤ教の聖典はヘブライ語聖書 (Hebrew Bible) と呼ばれる.

聖書の英語

　聖書の英語訳はいくつもあるが, 本書は欽定訳 (King James Version, or Authorized Version) を使っている. 英国王ジェームス 1 世の命により企画され, 1611 年に刊行されたものだが, 現在でも広く使われている. ただし, 現在では古めかしく, 難解な表現もあるため, 現代語訳が使われることも多い. 英語訳の改行箇所は本書では斜線をいれて示した.

聖書の日本語訳

　日本語訳も数種類ある中で, 本書は現在広く使われている新共同訳を採用したが, 英語訳と一致していないことがある (引用箇所の節の番号も英語訳とずれていることがある). 新共同訳の改行箇所も斜線をいれて示した.

| angel　天使

An angel in the kitchen and a whore in the bedroom.

台所では天使で，寝室では娼婦.

◆男性にとって理想とされる妻のありかた，または男性を手なずける女性のありかたを述べた言葉. An angel in the kitchen, a lady in the living room, and a whore in the bedroom. (台所では天使，居間では淑女，そして寝室では娼婦)，A maid in the living room, a cook in the kitchen and a whore in the bedroom. (居間ではメイド，台所では料理人，そして寝室では娼婦)，A cook in the kitchen, a maid in the living room and a whore in the bedroom. (台所では料理人，居間ではメイド，寝室では娼婦) などともいう (cook の項の見だし句を参照). 米国のテレビドラマ『ボストン・リーガル』第2シーズン第12話 (*Boston Legal*, Season 2, Episode 12) では，デニー (Denny) がアラン (Alan) に Alan, Bev is the woman I've always dreamed of. An angel in the bedroom and a whore in the kitchen. (アラン，ベブは私がずっと夢見てきた女性なんだ. 寝室では天使，台所では娼婦でね) というと，アランが I think it's the other way around. (それは逆だと思うけど) と答える場面がある.

| anger　怒り，立腹

Don't let the sun go down on your anger.

〔あなたの怒りがあるうちに太陽を沈ませるな〕怒りを日没までもち越すな.

◆聖書に由来することわざで，怒りをいつまでももち続けるな，という意味. 出典は新約聖書の「エフェソの信徒への手紙」4章26節 (Ephesians 4:26).

> Be ye angry, and sin not: let not the sun go down upon your wrath.
>
> 怒ることがあっても，罪を犯してはなりません. 日が暮れるまで怒ったままでいてはいけません.

A

It's (just) the anger talking.

腹立ちまぎれに（ただ）そういっているだけさ.

◆That's (just) the anger talking. ともいう. talk の項の It's (just) the alcohol talking. を参照.

---

angry　怒って, 腹を立てて

Never go to bed angry.

怒りを抱えて寝るな.

◆上の Don't let the sun go down on your anger. とほぼ同じ意味の処世訓.

When angry, count ten before you speak.

腹が立ったときはものをいうまえに 10 まで数えなさい.

◆米国第 3 代大統領トーマス・ジェファーソン（Thomas Jefferson）の言葉で, When angry, count ten before you speak; if very angry, an hundred.（腹が立ったときは 10 まで数えなさい. 非常に腹が立ったときは 100 まで数えなさい）と続く（現代語では a hundred となるところだが, 昔は an hundred も使われた）.

---

ant　アリ

An ant may well destroy a whole dam.

〔一匹のアリがダムすべてをこわすこともある〕千丈の堤もアリの一穴から.

◆小さな問題を放置しておくと, いつか大惨事を引き起こす, という意味のことわざ. 同じ趣旨のことわざに A little leak will sink a great ship.（小さな漏れが大きな船を沈める）がある（ship の項を参照）.

---

appetite　食欲

Appetite comes with eating.

食欲は食べるとわいてくるもの.

◆食欲がなくてもいざ食べてみると結構食べられるものだ，あるいは食べだすと余計に食べたくなる，という意味のことわざ．それまでは興味がなかったのに，いったん何かを始めるとそれに対する興味がわいてくる，という意味でも使われる.

arm　腕

Don't break your arm patting yourself on the back.

〔自分の背中をたたいて腕を折るな〕うぬぼれるな；いい気になるな.

◆慢心した人をたしなめる言葉で，特に母親が子どもにこういって注意することが多い.

If you twist my arm.

〔あなたが私の腕をねじるのなら〕どうしてもというのなら（そうしましょう）.

◆If you twist my arm, … の形で用いることが多い.

Ex. I really shouldn't eat any more, but if you twist my arm, I'll have another piece.

本当はこれ以上食べちゃいけないんだけど，どうしてもというのなら，もう一切れだけ食べるわ.

as　…として；…と同じように

As if!

そんなわけないよ；まさか；ばかばかしい.

◆相手の質問などを強く否定する口語表現で，if を強く発音する．アリシア・シルバーストーン (Alicia Silverstone) 主演の米国映画『クルーレス』(Clueless, 1995) から広まった.

Ex. "I know you like me." "As if!"

「僕のこと好きなのはわかっているよ」「何をばかな」

As you were.

元に戻れ；直れ；そのまま続けて；ではまた続けて.

◆軍隊などの号令で，もとの姿勢・状態に戻るように命じるもの. 一
般に，仕事に戻るように，という場合にも使う.

| **ask 尋ねる，聞く；頼む**

All you have to do is ask.

〔あなたがしなければならないすべては尋ねることだ〕頼めばやるよ；聞けば
教えるよ.

Ask away.

どんどん聞いて.

◆Can I ask you a question?（ひとつ聞いてもいいかい）などと尋ねら
れたときの返事. この away は「さっさと（する）」という感じで，ほ
かのさまざまな動詞とともに使う. talk の項の Talk away. を参照.

Forget I asked.

〔私が質問したことは忘れなさい〕もういいよ；今のはなかったことにして.

◆相手の返答が長すぎてそれ以上聞きたくないとき，または相手が返
答に困っているときなどにいう.

I don't ask for much.

〔私は多くのことを求めない〕大したお願いじゃないから.

◆ちょっとした頼みごとをする場合と，本当は大変なことをお願いす
るときに皮肉をこめていう場合とがある. なお，ask for more は「よ
り多くを求める」という意味で，You can't ask for more than that.
（それ以上を求めることはできない：申し分ない，御の字だ），What
more could I ask for?（これ以上何を望めようか：申し分ない，御の字
だ）などと使う.

I thought you'd never ask.

聞いてくれないのかと思ってた；やっと聞いてくれたね.

◆「その質問を待っていたのです」という場合に使う.

Ex. "Would you like to have some, too?" "I thought you'd never ask."

「君も少し食べるかい」「そういってくれるのを待ってたのよ」

If you have to ask.

〔もし聞かなくてはならないのなら（あなたは何もわかってない）〕聞くまでもないだろう.

◆「答えは自明でしょう」という含みで，この if 節だけで使うのが普通. 具体的な意味あいは文脈による.

Ex. "Is it a good thing or bad thing?" "If you have to ask."

「それはいいことかい，それとも悪いことかい」「聞くまでもないでしょ」

If you have to ask, you can't afford it.

（値段を）聞かなくちゃいけないのなら，買えないよ.

◆高価な商品を買う余裕がある金持ちは値段など気にしない，という意味.

I'm not asking.

〔私はお願いしていない〕これはお願いではない（命令だ）.

I'm (so) glad (that) you asked.

よくぞ聞いてくれました.

◆自分が話したいと思っていたことを相手が聞いたときにいう.

Ex. "Why are you smiling?" "I'm so glad you asked."

「何うれしそうな顔をしているの？」「よくぞ聞いてくれました」

Who's asking?

〔誰が質問しているのか〕そういうあなたはどなたですか.

◆知らない人が質問してきたときに返す言葉.

Ex. "Are you Tom's friend?" "Who's asking?"

「あなたはトムの友人ですか」「そういうあんたは誰だい」

You could have asked nicely.

〔あなたは丁寧に聞くこともできたのに〕そんな聞きかたはないんじゃない.
◆ 横柄な口ぶりで質問した相手にいう. 横柄な口ぶりで頼むならやらないよ, という場合は Only if you ask nicely.（丁寧にお願いするのならそうしてあげるけど）という.

---

assume 見なす, 決めつける, 思いこむ

Assume makes an ass out of you and me.

〔決めつけは相手と自分をまぬけにする〕決めつけはいけない.
◆ assume を ass-u-me に分解した言葉遊びで, 要するに Don't assume.（勝手に決めつけるな）ということ. When you assume, you make an ass out of you and me.（人は決めつけるとき, 自分も相手もまぬけになる）, Don't assume, because it makes an ass out of you and me.（何事も決めつけてはいけない）などともいう. この ass は「しり, けつ（butt）」の意味ではなく,「ロバ（donkey）；ばか」の意.

baby　赤ん坊

(as) soft as a baby's butt

赤ちゃんのおしりのようにやわらかい.

◆ すべすべの肌などを形容する常套比喩表現. (as) smooth as a baby's butt ともいい, こちらは「非常にスムーズな [に]」という意味で, ものごとが順調に運ぶ場合にも使われる.「むき卵のようなすべすべの肌」は baby butt skin などという.

Babies come from storks.

赤ちゃんはコウノトリが運んでくる.

◆ Where do babies come from?
(赤ちゃんはどこから来るの) と
子どもが聞いたときに親がよく
こう答える. Storks delivers
babies. ともいう. また, Ba-
bies come from pumpkin
patches [seeds]. (赤ちゃんはカ

ボチャの畑 [種] から来る) ということもある.

bad　悪い

as bad as it gets

最悪だ, どん底だ.

◆ as good as it gets (最高だ) の反対で, それ以上悪くなりようがない状況をいう.「残念ながら最悪だ」と否定的に使う場合と,「最悪でもそこまでだ」と肯定的に使う場合がある.

Ex. 1. "How bad is it?" "It's as bad as it gets."

「どれくらい悪いのか」「これ以上ないほど悪い」

Ex. 2. If this is as bad as it gets, we'll be fine.

もしこれが最悪なら，なんとかなるだろう．

Bad things come [happen] in threes.

〔悪いことはみっつずつ来る［起こる］〕悪いことは 3 度ある；2 度あること
は 3 度ある．

◆ことわざ．反対の意味のことわざ Good things come [happen] in
threes. もある．

... gone bad

（思わぬことで）悪い方向に発展した….

◆… gone wrong に同じ（wrong の項を参照）．

bank 銀行

Take it to the bank.

〔それを銀行にもって行きなさい〕それは（絶対）確かだ；それは保証する．

◆それを銀行にもって行けば小切手と同じように換金してもらえる，
ということから．You can take it to the bank. ともいう．

We rob banks.

オレたちは銀行を襲うんだ．

◆米国映画『俺たちに明日はない』(*Bonnie & Clyde*, 1967) で主人
公のクライドが何度も口にするせりふ．

baseball 野球（のボール）

Baseball is America's national pastime.

野球はアメリカの国技だ．

◆アメリカで野球が国民的娯楽となっていることをいったものだが，

現在ではアメリカンフットボール，バスケットボールのほうが人気がある．

Goodbye, baseball.

〔野球のボールよ，さようなら〕はいりました，ホームランです．

◆打球がスタンドにはいってホームラン (home run) になったときにアナウンサーがいう．しばしば，See ya. Goodbye, baseball. という (See ya. は See you. のくだけた発音つづり)．ちなみに，ホームランの同義語には big fly, bomb, dinger, long ball, moon shot などがある．大谷翔平選手が打つホームランは moon shot (特大ホームラン)，no-doubter (疑いようのないホームラン；文句なしのホームラン) と呼ばれることが多い．その反対に，フェンスぎりぎりにはいったホームランは cheap home run という．

There's no crying in baseball!

野球には泣くってプレーはないんだよ．

◆米国映画『プリティ・リーグ』(*A League of Their Own*, 1992) でトム・ハンクス (Tom Hanks) 演じる監督のジミー・ドゥーガン (Jimmy Dugan) がいうせりふ．

| beauty　美しさ，美；美人

Beauty before age.

〔年齢の前に美しさを〕若くて美しいあなたからどうぞ．

◆女性が年配の人にドアを先にとおるように譲るときなどにいう Age before beauty. (年配の方からどうぞ：先輩からどうぞ) をもじった表現で，年配の男性がおどけて若い人にいう．実質的には After you. と同じ．

Beauty comes from within.

美しさは内面から生じる．

◆古くからある常套句．Real [True] beauty comes from within. (本

当の美しさは内面から）ということも多い.

Beauty is a fading flower.

〔美しさはしおれかけた花だ〕美ははかない.

◆旧約聖書から出たことわざ. 出典は「イザヤ書」28 章 1 節（Isaiah 28:1）で, 次のとおり.

> Woe to the crown of pride, to the drunkards of Ephraim, whose glorious beauty is a fading flower, which are on the head of the fat valleys of them that are overcome with wine!
>
> 災いだ, エフライムの酔いどれの誇る冠は. ／その麗しい輝きは／肥沃な谷にある丘を飾っているが／しぼんでゆく花にすぎない. ／酒の酔いによろめく者よ

Beauty is a matter of taste.

美は好みの問題だ.

◆Beauty is in the eye of the beholder.（美は見る人次第）とほぼ同じ意味のことわざ.

Beauty is only a light switch away

美しさは照明のスイッチの距離しか離れていない.

◆暗闇など, 顔が見えない状況では美醜は関係ない, という意味のことわざ.

---

bed　ベッド, 寝台

I wouldn't kick her [him] out of bed.

〔私は彼女［彼］をベッドから追いださないだろう〕すごく性的魅力がある；実にいい女［男］だね.

◆相手がベッドでどんなふるまいをしても追いださない, それくらい魅力がある（できることならベッドをともにしたい）, という意味の俗語表現. おもに男性が女性について使う. I wouldn't kick her [him] out of bed for eating crackers.（彼女［彼］がクラッカーを食べ

てもベッドから追いだしたりしない）, I wouldn't kick her [him] out
of bed for farting. （彼女［彼］がおならをしても，ベッドから追いだし
たりしない）などともいう．また，kick の代わりに throw, toss を
使って I wouldn't throw [toss] her out of bed. などともいう．この
反対に，性的魅力をまったく感じない場合は I wouldn't touch her
[him] with yours. という（touch の項を参照）.

begin 始まる；始める

Begin at the beginning.
最初から始めなさい.

◆英国の作家・数学者ルイス・キャロル (Lewis Carroll) の『不思議
の国のアリス』(*Alice's Adventures in Wonderland*, 1865) でハート
の王さま (King of Hearts) がアリスに命じる言葉.

We've only just begun.
私たちはまだ始まったばかりよ.

◆米国の兄妹デュオのカーペンターズ (the Carpenters) が 1970 年に
発表したヒット曲「愛のプレリュード」の原題，およびその出だしの
言葉．この歌はしばしばウェディングソングに使われる.

You may begin.
では始めて.

◆テストの開始を告げる言葉としてよく使われる．テスト終了の指示
は Pencils down. （鉛筆を置きなさい）という．book の項の Put your
books away. を参照.

believe 信じる；思う；信用する

Believe nothing of what you hear, and only half of what you see.
聞くことは何も信じずに，見たことは半分だけ信じなさい.

◆人の話は当てにならず，自分の目で見たことも真実の一部でしかないと思ったほうがよい，という意味のことわざ.

Don't believe everything you hear [read].
聞く［読む］ことすべてを信じてはいけない.

◆人の話やテレビ・ラジオでいっていること，新聞や雑誌などに書いてあることはすべて真実とはかぎらない，という意味の常套句.

Stand up for what you believe in.
〔自分の信じているものを守るために立ち上がりなさい〕信念に従って行動しなさい；節を曲げるな.

◆不正や不当な扱いなどには断固として行動を起こしなさい，という意味.

B

best 最高の；最高で；最高のもの

(All) things happen for the best.
できごと（すべて）はもっともよいように生じる.

◆一見，不幸に思えることも，あとで振り返るとそれがよかったとわかるようになる，という意味の常套句.

Best is the enemy of good.
最高はよいものの敵だ.

◆完璧を求めるとうまくいかないことが多いので，ほどほどのところで満足したほうがよい，という意味のことわざ．The best is the enemy of the good. ともいう．Better is the enemy good enough. もほぼ同じように使われる（better の項を参照）.

Do your best and let God do the rest.
〔最善を尽くしてあとは神にまかせろ〕人事を尽くして天命を待つ.

◆米国の医師ベン・カーソン（Ben Carson）の言葉とされる．日本語の「人事を尽くして天命を待つ」とほぼ同じなのは，偶然なのかどうかは不明.

Here comes the best part.

このあとが最高なのです；ここからが傑作だよ．

◆話の目玉となる部分を予告する言葉．

I just want what's best for you.

あなたにとって一番よいことを望んでいるだけなのよ．

◆特に親が子どもによくいう言葉．I want only the best for you.（私はあなたにとって一番よいことだけを望んでいます）もほぼ同じ．

Is this the best you can do?

これが精一杯努力した結果ですか；お前の力はこんなものか．

◆おざなりの宿題を提出した生徒に教師がこういったりする．また試合などで相手を挑発するような場合にも使う．

the best of all possible worlds

あらゆる可能な世界の中で最善のもの．

◆ドイツの哲学者ライプニッツ（Leibniz）の世界観を表した言葉で，完全無欠な神がこの世界を創造したからにはこの世界は最善のものだ，という意味．

You did the best you could.

〔あなたは最善を尽くした〕精一杯やった結果だから．

◆望む結果が得られなくて落胆している相手を慰める言葉．You tried your best. ともいう．

You're the best thing that has happened to me.

君に会えたのが僕の人生で最高のできごとだ．

◆恋人などに対して使われる常套句．

| **better**　よりよい；よりよく

Better is the enemy of good enough.

よりよいことは十分によいことの敵である．

B

◆特に問題がないのに，よりよくしようとして，かえって悪い結果を
もたらしてしまうことを戒める言葉．ソ連時代の海軍総司令官セルゲ
イ・ゲオルギエビッチ・ゴルシコフ (Sergey Georgiyevich Gorsh-
kov) のモットー．米国の作家トム・クランシー (Tom Clancy) のベ
ストセラー小説『レッド・オクトーバーを追え』(*The Hunt For Red
October,* 1984) にもこの言葉が出てくる．類似表現に Perfect is the
enemy of good. (完璧はよいものの敵だ；完璧を求めたために完成しな
かったり，失敗したりすることが多い)，Great is the enemy of good.
(偉大なものはよいものの敵だ；十分によいのに，その上を目ざして失敗
することが多い)，Good is the enemy of great. (よいものは偉大なも
のの敵だ；よいレベルで満足しては，その上をいくことはできない) など
がある．

Better you than me.

〔(それは) 私よりもあなたのほうがふさわしい〕私でなくてよかった；私は御
免こうむりたいね；よくやるね．

◆相手の話を聞いて，自分はそういう状況になりたくない，という場
合にいうことが多い．イギリス英語では Rather you than me とい
う．

　Ex. "I've got to go to the dentist tomorrow and have my tooth
　　　pulled out." "Better you than me."
　　　「僕はあした歯医者に行って，歯を抜いてもらわなくちゃいけ
　　　ないんだ」「それはご苦労なことで」

Feel better (soon).

(早く) よくなってね；お大事に．

◆病気やけがの人にかける言葉．Get better (soon). / Get well (soon).
ともいう．より丁寧には I hope you('ll) feel better (soon). / I hope
you('ll) get better (soon). (早くよくなるといいですね) などという．

It gets better.

もっとよくなるよ；本番はこれからだよ．

◆It gets better and better.（どんどんよくなる）という強調表現や，It only gets better.（あとはよくなる一方だ）なども使われる.

I've seen better days.

〔もっとよい日々を見たことがある〕今はぱっとしないね.

◆不満な現状を嘆く表現.

What could be better?

〔これ以上のものがあるだろうか〕最高だね.

　Ex. Cycling with my family on a beautiful day. What could be better?

　　天気のいい日に家族そろってサイクリングだなんて，最高だね.

You have to get worse before you get better.

よくなる前により悪くならなくてはいけない.

◆病気の回復過程，業績の向上など，広い範囲のことについて使われる.

big　大きい

I am big! It's the pictures that got small.

私は大きいわよ．小さくなったのは画面のほうよ.

◆米国映画『サンセット大通り』(*Sunset Blvd*, 1950) でグロリア・スワンソン (Gloria Swanson) 演じるノーマ・デズモンド (Norma Desmond) がいうせりふ.

(It's) no big.

大したことじゃないよ；どうってことないね.

◆ (It's) no big deal. に同じ．(It's) no biggie. ともいう.

That's (very) big of you.

それは心が広いね；それは立派だね.

◆過ちを犯した人を許すなど，相手が度量の広いところを見せたとき

にいう．狭量な態度を示す相手に皮肉をこめていうことも多い．It's (very) big of you. ともいう．

B

bill　勘定書き；手形；紙幣

It pays the bills.
〔それは請求書の支払いをする〕食ってはいけるからね．

◆今の仕事に不満がないわけではないがそれで生活はできるから，というような場合に使う．

　Ex. It's not an ideal job, but it pays the bills.
　　　理想的な仕事じゃないけど，食ってはいけるからね．

bite　かむ；かむこと；一口

I'll bite.
わかった，わかった；そうしよう．

◆何か聞いてほしそうな相手に対して，「じゃあ聞いてやるか」というような場合に使う．釣りのえさに魚が食いつくイメージから．しばしば OK [All right], I'll bite. の形で用いる．

　Ex. "Do you want to know why I feel so happy today?" "OK, I'll bite. Why do you feel so happy?"
　　　「きょう私がどうしてこんなに幸せな気分なのか知りたくない？」「聞いてほしいんだね．わかった．どうして幸せな気分なんだい」

I'll bite your head off.
頭部をかみ切ってやる．

◆「ただではおかないぞ」という意味のおどし文句．I'll break your neck.（首をへし折ってやる）などともいう．

Take smaller bites.
一口の量を減らしなさい．

◆一度にたくさんほおばろうとする子どもに母親がこう注意する．また，小食ダイエットの方法としてもこれが勧められる．なお，「一口サイズの」は bite-size(d) という．

blame   責任を負わせる；責める；責め；非難；責任

Blame ends in me.

〔blame という語は me で終わる〕人を非難するのはやめましょう．

◆Assume makes an ass out of you and me. (assume の項を参照) に類した言葉遊びの一種で，人を非難すると，結局は自分の不寛容さなどを示すことになるのでやめたほうがよい，という意味．

I only have myself to blame for that.

〔それを責めるべき相手は自分がいるだけだ〕それは自分を責めるしかない；不徳のいたすところだ．

blessing   （神の）恩恵；恵み；祝福

It's a blessing and a curse.

〔それは恵みでもあり呪いでもある〕こういうのもよしあしだ．

◆才能や美貌などについて使われることが多い．米国テレビドラマ『名探偵モンク』(*Monk*, 2002-09) のモンクは一度見聞きしたものをすべて覚えている特殊能力をもっているが，その才能についてよくこう評している．

You have my blessing.

〔あなたは私の祝福をもっている〕私は祝福するよ．

◆子どもが将来この道に進みたい，あの人と結婚したいなどといったときに，親がこういったりする．

B

blonde, blond　ブロンドの；ブロンドの髪 [人]

Blondes have more fun.

ブロンドの人のほうが楽しみが多い.

◆ブロンド女性は男性に好かれるという意味で，少なくとも 1950 年代から使われている常套句.　Blondes have all the fun.（ブロンドは楽しみすべてをもつ）ともいう.　英国のロック・ミュージシャンのロッド・スチュワート（Rod Stewart）のソロ・アルバム『スーパースターはブロンドがお好き』(1978) の題名にも使われている.

have a blond(e) moment

〔金髪的瞬間をもつ〕うっかりする，おばかなことをする [いう].

◆常套句の dumb blonde（おばかなブロンド）をふまえた表現で，「一瞬おばかなブロンドになる」すなわち have a dumb moment という意味.

bloom　花咲く；花

Bloom where you're planted.

植えられたところで花を咲かせなさい.

◆与えられた環境で最善を尽くしなさい，という意味の格言.　Blossom where you're planted. ともいう.　似た意味のことわざに Play the hand you're dealt. がある（play の項を参照）.

book　本；予約する；行く

Books are the best friends.

本は最良の友.

◆Books are your [our] best friends. ともいう.　類似表現に A dog is a man's best friend.（犬は人間の最良の友），Diamonds are girls' best friends.（ダイヤモンドは女性の最良の友）がある.

I can read you like a book.

〔私は本のようにあなたを読める〕あなたの考えていることは手にとるように
にわかる.

◆ You're an open book.（あなたはひらいてある本だ；あなたはわかり
やすい）も同じような意味で使われる.

Put your books away.

教科書をしまって.

◆ テストを始める前などに教師が生徒にいう言葉. Put your books
away, take out a pencil, and clear your desk.（教科書をしまって，鉛
筆をだして，机の上をかたしなさい）と続けることもある.

| born   生まれた

I didn't ask to be born.

生んでくれって頼んだわけじゃない；生まれたくて生まれたわけじゃ
ない.

◆ 特に思春期の子どもが親に対してよく口にする言葉. 米国のコメ
ディアン，ビル・コスビー（Bill Cosby）の著書に *I Didn't Ask to
Be Born:（But I'm Glad I Was）* がある.

I was born at night, but not last night.

〔私は夜に生まれたが，きのうの夜に生まれたわけじゃない〕私は何も知らない
ばかじゃないよ.

◆ I wasn't born yesterday.（私はきのうきょう生まれた赤ん坊ではない）
とほぼ同じ意味.

It's something you're born with.

それはもって生まれたものだよ.

◆ 才能や嗜好などが天性のもので，学習などでは得られない，という
意味.

both 両方（の）；両方とも；両者

That makes both of us.

私も同じ［同感］よ.

◆相手のいった言葉や示した態度が自分にも当てはまる場合に使う. That makes two of us. ともいう.

   Ex. "I'm starving." "That makes both of us."

    「おなかぺこぺこだ」「私もよ」

boy 少年, 男の子

boy meets girl

少年が少女に会う.

◆少年と少女の出会いから恋が芽生えることをいう. 米国のポップスデュオ, ボーイ・ミーツ・ガールの名もこれからとられている. また, 米国のテレビコメディー『ボーイ・ミーツ・ワールド』(*Boy Meets World*, 1993-2000) はこれのもじり. しばしば boy-meets-girl とハイフンでつなぎ, 形容詞として用いる.

Boys just want one thing. / Boys want just one thing.

男の子なんてみんなひとつのことしか望んでないのよ.

◆年頃の男子はセックスしか頭にない, という意味の常套句. 母親が年頃の娘に忠告としていうことが多い. Boys are only after one thing. ともいう. なお, 男女のセックス観については, Men want sex and women want love. (男はセックスを求めるが, 女は愛を求める) とよくいわれる.

Boys rule, girls drool.

〔男の子が支配し, 女の子はよだれをたらす〕男は強い, 女は弱虫.

◆年少の男の子がよくいうせりふ. この rule は「最高だ, 一番だ, すごい」という意味.

Good boys go to heaven, but bad boys bring heaven to you.

よい男の子は天国へ行くが，悪い男の子は天国をもたらしてくれる．

◆品行方正な子はつまらないが，悪い子は楽しい思いをさせてくれる，という意味の常套句．

What a good boy am I!

僕はなんてお利口さんなんだろう．

◆伝承童謡（nursery rhyme）の "Little Jack Horner"（「ジャック・ホーナー坊や」）の最後の文．次の文句がよく知られている．

> Little Jack Horner / Sat in the corner, / Eating his Christmas pie; / He put in his thumb, / And pulled out a plum, / And said, "What a good boy am I!"

> ジャック・ホーナー坊やは／すみっこに座って，／クリスマスのパイを食べていた．／彼は親指を突き刺し，／中のスモモをとりだし，／そしていった，「僕はなんてお利口さん！」

What are little boys made of?

小さな男の子はなんでできているのかな？

◆伝承童謡（nursery rhyme）の題名，およびその出だしの文句．よく知られたものは次のように続く．

> What are little boys made of? / What are little boys made of? / Snips and snails, / And puppy dogs' tails. / That's what little boys are made of.

> 小さな男の子はなんでできているのかな？／小さな男の子はなんでできているのかな？／切れ端にかたつむりに，／子犬のしっぽ．／小さな男の子はそれでできているのです．

brain 脳；頭

It's not brain surgery.

〔それは脳外科手術ではない〕そんなに難しいことじゃない.

◆よく使われる比喩表現. It's not rocket science. (それはロケット科学ではない) ともいう. 同様に, You don't have to be a brain surgeon. (脳外科医である必要はない：それほど頭を使わなくてもできる；それほど難しい技術はいらない), You don't have to be a rocket scientist. などの表現も使われる.

Where is my brain?

〔私の脳はどこにあるのか〕私ったら, どうかしてるわ；我ながら何考えていたのかね.

◆うっかりミスをしたり, 相手への気配りを忘れていたときなどにいう.

Ex. "This is a ten dollar bill. You're still three dollars short." "Oh, I'm so sorry. Where is my brain?"

「これは 10 ドル札ですね. まだ 3 ドル足りませんが」「おっと, 失礼. 私, ちょっとどうかしていますね」

breach （法律などの）違反；（城壁などの）破れ, 突破口

Once more unto the breach.

もう一度突破口へ突撃だ.

◆シェークスピア (Shakespeare) の『ヘンリー 5 世』第 3 幕第 1 場 (*Henry V*, Act 3, Scene 1) のせりふ. フランスの北西部にあるアルフルール (Harfleur) の要塞を攻略するときにヘンリー 5 世が兵士たちに向かって叫ぶ言葉で, 次のように続く：Once more unto the breach, dear friends, once more; Or close the wall up with our English dead. (もう一度突破口へ突撃だ. 親愛なる諸君, もう一度だ. さもなければ城壁をわがイングランド兵士の死体でふさいでしまえ). 一般に,

「もう一度やってみよう；もうひと押しだ」という場合に引用される.

British 英国（人）の；英国人

The British are coming!

イギリス軍が来ているぞ.

◆アメリカ独立戦争で活躍した愛国者ポール・リビア (Paul Revere) が 1775 年 4 月のレキシントン・コンコードの戦い (the battles of Lexington and Concord) の前夜，真夜中に伝令として走り回り（これを Paul Revere's Midnight Ride「ポール・リビアの真夜中の騎行」という），各地の愛国者たちに叫んだとされる言葉（ただし，史実ではないようだ）.The British の部分を代えて，「敵が襲って来るぞ」というときに引用される.

build （建物・道路などを）つくる，築く，建設 [建造] する

Build it and he will come.

それをつくれば彼はやってくるだろう.

◆ケビン・コスナー (Kevin Costner) 主演の米国映画『フィールド・オブ・ドリームス』(*Field of Dreams,* 1989) に出てくるフレーズ.主人公はトウモロコシ畑の中でこういう声を聞いて野球場をつくる.この句は誤って If you build it, they will come.（それをつくれば，彼らはやってくるだろう）として引用されることが多い.

built like a brick outhouse

〔レンガの屋外便所のようにつくられた〕すごく頑丈で.

◆屋外便所は木造が普通なのに，レンガづくりのもののように丈夫だ，という意味.建物だけでなく，筋肉質の男性や肉体美の女性など，人についても使われる.下品な俗語では built like a brick shithouse ともいう（shithouse は「クソの家；便所」の意味の俗語）.類似表現に built like a tank [truck]（戦車 [トラック] のようにつくられた；すごく

頑丈で：筋肉もりもりの）がある.

bus　バス   **B**

look like the back end of a bus
〔バスの後部のようだ〕非常にみにくい；まったくのブスで.
◆常套的な比喩表現.

You could get hit by a bus (tomorrow).
(あしたにでも) バスにひかれるかもしれないんだよ.
◆「いつ事故で死ぬかわからない；一瞬先は闇」という意味の常套句.

busy　忙しい

(as) busy as a bee [beaver]
〔ミツバチ［ビーバー］のように忙しい〕非常に忙しい.
◆常套的な比喩表現で, (as) busy as a bear in a beehive (ミツバチ
の巣箱の中の熊のように忙しい), (as) busy as a one-armed paper
hanger (片手の壁紙はりの人のように忙しい) などともいう.

Busy hands are happy hands.
忙しい手は幸せな手だ.
◆何かに熱中して忙しくしているのはいいことだ, という意味のこと
わざ. 怠惰を戒めた Idle hands are the devil's workshop. (ひまな手
は悪魔の仕事場だ：小人閑居して不善をなす) の逆.

call 呼ぶ（こと）；電話する（こと）；判定（する）

Good call.

いい判断だった；いい考えだ.

◆It is [was] a good call. の省略表現. スポーツで審判の判断が「正確だ（った）」ということから.

I call.

コール.

◆トランプ（card game）のポーカーで（poker），前の人と同額を賭けるときの宣言. I'll call. ということもあるが，こちらは「コールしよう」という感じ. なお，賭け金を上げるときは I raise you 20 dollars.（さらに 20 ドル）などといい，勝負を降りるときは I fold. または I'm out. という（out の項を参照）.

I called it.

私がいったとおりだ；やっぱりね.

◆たとえば，試合の結果を予言して，そのとおりになったときなどに使う.

Just tell him [her] I called.

私から電話があったとだけお伝えください.

◆電話をかけて，相手が不在だったときに電話の応対者にいう言葉.

They call me Mister Tibbs!

私はティッブズさんと呼ばれているよ.

◆米国映画『真夜中の捜査線』（*In the Heat of the Night*, 1967）でシドニー・ポワチエ（Sidney Poitier）演じる主人公の黒人刑事ティッブズが「フィラデルフィアではどう呼ばれているのか」と聞かれたと

きの返事．この言葉をそのままタイトルにした続編（邦題は『続・夜の大捜査線』）がつくられている（1970）．

You called?

〔（私を）呼んだか〕何か用なの？；それって，私のこと？

◆「ちょっと来て」などと言われたときの表現．また，「こういうのができる人いないかな」といわれたとき，「それなら私でもできるけど」という場合にも使う．

can …できる；缶

He who can, does. He who cannot, teaches.

できる人はする．できない人は教える．

◆本当に実力のある人はそれを実践するのが常で，そこまでの実力がない人がそれを教えることになる，という意味のことわざ．アイルランドの劇作家ジョージ・バーナード・ショー（George Bernard Shaw）の『人と超人』（*Man and Superman*, 1903）に出てくる．Those who can do, those who can't teach. ともいう．

It's the empty can that makes the most noise.

〔もっともうるさく音を立てるのは空の缶だ〕空樽は音が高い；弱い犬はほえる．

◆実力や知恵がないものほどよくしゃべったり騒いだりする，という意味のことわざ．Empty vessels make the most noise. ともいう．

cap 帽子；蓋；キャップ；大文字（capital letter）

Turn your caps lock off.

大文字ロックを解除しなさい．

◆ネットの投稿などで大文字ばかりを使って文章を書く人に対して，目障りだからやめなさいというときに使う．しばしば TYCLO と略される．

card　カード；トランプ

Lucky at cards, unlucky in love.

カードでついていると，恋愛につきがない.

◆運やつきはある方面でよいと，別の方面ではだめになる，という意味の常套句. この反対で，Unlucky at cards, lucky in love. (カードでついてないと，恋愛につきがある) という常套句もあり，カードで負けた人を慰めるときによく使われる.

Someone is one card short [shy] of a (full) deck.

〔…は（ひとセットの）トランプのカードが1枚足りない〕ちょっと頭が足りない，どこか抜けている.

◆常套比喩表現. several cards short [shy] of a (full) deck などともいう. short の項の *Someone is A short of B.* を参照.

Trust everyone but cut the cards.

みんなを信用しても，カードはちゃんとカットしなさい.

◆トランプのポーカー (poker) から生まれたことわざで，人を信用することは大事だが，だまされないための用心は怠るな，という意味 (trust の項の Trust, but verify. を参照). ポーカーでは，親 (dealer) が不正にカードを切りそろえるのを防ぐため，切り混ぜた札を親の左隣にいる人がふたつにわけて，下半分を上にもってくる (これを cut 「カットする」という) のが慣例になっている. つまり，相手を信用しつつも必ずカットはしなさい，ということ. なお，カードの順序がばらばらになるように切り混ぜることを英語では shuffle といい，cut と区別される.

care　世話（する）；看護（する）；心配（する）；気遣い，気遣う

(I) don't care if I do.

〔そうしてもかまわない〕そうですね，そうしましょう；いただきましょうか.

◆飲食物を勧められたりしたきの返事．(I) don't mind if I do. ともいう.

The devil may care.

〔悪魔は気にかけるかもしれない（が，私は気にしない）〕どうなろうとかまうもんか.

◆The devil may care, but I do not. の後半を省略した慣用句で，のんきな態度や捨て鉢な態度の人などについていう．この句は devil-may-care というハイフンつきの 1 語の形容詞として a devil-may-care lifestyle（極楽とんぼ的なライフスタイル；向こう見ずなライフスタイル）などと使われる.

C

---

cash　現金；即金

Cash is king.

現金は王様だ；現金にまさるものなし.

◆健全な財政運営をするには手もちの現金を確保しておくのがよいという場合，あるいは株価が高騰しているときに投資すると大損する危険があるので，現金でもっているのが賢明だという場合などに使う常套句．この逆で，Cash is trash.（現金はごみだ；現金は価値がない）といって，貯蓄よりは投資がよいと勧めることもある.

Take the cash and let the credit go.

現金をとり，債権はあきらめろ.

◆将来の楽しみなど当てにせず，今あるものを楽しみなさい，という意味のことわざ．11 世紀のペルシャの詩人ウマル・ハイヤームの詩集『ルバイヤート』を英国の詩人エドワード・フィッツジェラルド（Edward FitzGerald）が訳した *The Rubaiyat of Omar Khayyam* が出典.

> Some for the Glories of This World; and some / Sigh for the Prophet's Paradise to come; / Ah, take the Cash, and let the Credit go, / Nor heed the rumble of a distant Drum!

ある者はこの世の栄光を求め，また／ある者は予言者の楽園の到
来を待ち望む．／ああ，現物をとり，債権はあきらめろ，／遠く
の太鼓のとどろきなど気にするな．

cat　猫

If a black cat crosses your path, you will have bad luck.
黒猫が行く先を横切ると縁起が悪い．
◆ よく知られた迷信 (superstition)．後半部分は it's bad luck などと
もいう．

like a cat with nine lives
〔九生をもつ猫のよう〕まったく（悪）運が強い．
◆ 何度も命拾いをしているような人について用いる．「猫はなかなか
死なない」という意味のことわざ A cat has nine lives. から生まれた
表現．

purr like a cat
〔猫のようにゴロゴロいう〕（エンジンなどが）調子よく動く；（人が）うれ
しそうな声をだす．

Who's she, the cat's mother?
〔彼女って，猫のお母さんのこと？〕彼女って，誰のことだい．
◆ 相手が固有名詞をださずに She といったとき，「それは誰のことを
いっているのか」という意味で使う．類似表現に Who's we? Do you
have a mouse in your pocket? がある（mouse の項の Do you have a
mouse in your pocket? を参照）．

catch　つかまえる（こと）；わな

(And) don't ever let me catch you doing that again!
2 度とそんなことをしているところを見つけさせないで．

◆子どもが人目をはばかるようなことなどをしているのを見つけた親がよくいう．If I catch you doing that one more time, I'll ...（今度そういうことをしているのを見つけたら...してやるから）などともいう．

Catch me if you can.

つかまえられるものならつかまえてみな；鬼さんこちら．

◆子どもが鬼ごっこ（tag）でいう言葉．また，鬼ごっこのことをcatch me if you can ということもある．実在の詐欺師を描いた米国の犯罪映画『キャッチ・ミー・イフ・ユー・キャン』（2002）の原題にも使われている．

Never get caught with a dead girl or a live boy.

死んだ女の子か生きた男の子と一緒のところは見られるな．

◆男性の政治家やハリウッドスターなどに対する警句として使われる．

challenge 試練；難題；挑戦（する）

Every challenge is an opportunity in disguise.

〔試練は変装した機会だ〕ピンチはチャンス．

◆特にビジネス界で使われる常套句．In every challenge lies opportunity.（試練にはいつでもチャンスがある）や With great challenge comes great opportunity.（大きな試練とともに大きなチャンスが来る）なども使われる．tough の項の Tough times bring opportunity. を参照．

No challenge is too great.

どんな難題も大きすぎることはない．

◆どんな難題も克服可能だという意味．古くからある常套句だが，米国のもと大統領ドナルド・トランプ（Donald Trump）が No dream is too big, no challenge too great.（どんな夢も大きすぎることはなく，どんな試練も大きすぎることはない）といったことでも知られる．

chance　偶然；確率；運；チャンス；機会；見込み

Chance favors the prepared mind.

チャンスは用意周到な人に味方する.

◆フランスの生化学者ルイ・パスツール (Louis Pasteur) の言葉 In the field of observation, chance favors only the prepared mind. (観察の分野ではチャンスは用意周到な人のみに味方する) から. 日本語訳は「幸運は用意された心のみに宿る」がよく使われる.

Never give a sucker an even chance.

ばかに平等なチャンスを与えるな.

◆簡単にだまされるようなやつはとことん利用しろ, という意味の常套句.

change　変える；変わる；変化

Don't change a winning team.

勝っているチームを変えるな.

◆うまくいっているときには, 余計なことはせずにそのまま続けるのがよい, という意味の常套句で, If it ain't broke, don't fix it. (壊れていないものを直すな) とほぼ同じ.

It only takes one person to change the world.

たったひとりの人間がいれば世の中を変えることができる.

◆ひとりの人間が行動を起こすことによって歴史は変わりうる, という意味の常套句.

cheap　安い

Buy cheap, buy twice.

〔安く買うと2度買う〕安物買いの銭失い.

◆安いものを買うと, すぐにだめになったりして, また買わなければ

ならないという意味. 同じ趣旨の常套句に Good work ain't cheap, cheap work ain't good. (よい製品は安くないし, 安い製品はよくない), Cheapest is dearest. (もっとも安いものはもっとも高い) がある. この dear は「高価な (expensive)」という意味で, 安物はすぐにだめになるので, 結局は高くつくということ.

C

check （途中で）とめる；チェック（する）；小切手；勘定書き

Check that.

今のはなしね.

◆Scratch that. (今のは取り消します；前言撤回) の俗語的表現.

Check this out.

これを見てよ [聞いてよ].

◆珍しいものなどに聞き手の注意を向けさせるときにいう. 米国のオーディションテレビ番組『アメリカンアイドル』(*American Idol*, 2002-) の第 1-8 シーズンまでの審査員だったランディ・ジャクソン (Randy Jackson) は, Yo, yo, check this out. (ねえねえ, ちょっと聞いてよ) といって自分の意見をいうことが多かった.

Check yourself before you wreck yourself.

身を滅ぼす前に自制しなさい.

◆「そんなことをしたらひどいことになるよ；悪いことはいわないからやめときな」と忠告するときに使う常套句. check と wreck が韻を踏んでいる.

Don't let your mouth write a check your ass can't cash.

〔自分のけつが現金化できない小切手を口に書かせてはいけない〕できもしないことはいうな；証拠もないのに適当なことをいうな.

◆下品な俗語表現.

I'll pick up the check.

勘定は私がもちます.

◆I'll take care of the check. や Let me pick up the check. / Let me take care of the check. などともいう.

| cheese チーズ

Cheese and crackers!

なんとまあ.

◆Jesus Christ! のいい換え表現で, 非常に驚いたときなどに使う. Sweet cheese and crackers! ともいう. また, Jesus Christ, God Almighty.（イエス・キリスト, 全能の神）のいい換えで, Cheese and crackers, got all muddy!（チーズとクラッカーはすっかり泥だらけになった）ともいう.

The only free cheese is in the mousetrap.

〔ただのチーズはネズミ捕りの中にしかない〕世の中にただのものはない.

◆There are no such things as free lunch.（ただのランチなどない）と同じ意味のことわざ.

What's that got to do with the price of cheese?　→ price の項を参照.

| child 子ども

Children and fools tell the truth.　→ truth の項を参照.

Children are the future.

子どもは未来だ.

◆将来を背負って立つのは子どもなので, 子どもを大切にしないといけない, という意味でよく使われる. Our children are our [the] future. ともいう.

Children don't come with (instruction) manuals.

子どもはマニュアルつきで来るのではない.

◆子育てに正解（を教えてくれる指南書）があるわけではなく，手探りでやっていくしかない，という意味の常套句.

Children pick up on everything.

子どもはなんでも気づく；子は親の背中を見て育つ.

◆子どもは敏感で，周囲の人（特に親）が感じていること，無意識のうちにやっていることなどを読みとり，その影響を強く受けることをいう.

I hope someday you have children just like you.

いつかおまえにも自分のような子どもができるといい.

◆子どもに手を焼く母親がよくいうせりふ.

It is a wise child that knows its own father.

自分の父親を知っているのは賢い子どもだ.

◆特に私生児について，父親が誰かわからない，という意味のことわざ. また，自分の出自などについて知ることは大切だ，というような文脈で使われることもある. ホメロス（Homer）の『オデッセイ』（*The Odyssey*）で，女神アテナ（Pallas Athene）にオデッセイの息子かどうかと聞かれたテレマコス（Telemachus）の返事がこれだった. 子どもの父親が誰かについては mama's baby, papa's maybe（ママの赤ちゃん，パパはかもね）という表現もある（mama の項を参照）.

It takes a village to raise a child.

子どもひとりを育てるには村全体を要する.

◆子育ては地域ぐるみの活動だ，という意味のことわざ. アフリカのことわざとされるが，確かな出典は不明. It takes a whole community to raise a child. ともいう.

like a child in a sweet-shop

〔菓子屋にはいった子どものよう〕すっかり興奮して，大はしゃぎで.

◆sweet-shop の代わりに candy store も使われる.

Monday's child is fair of face.

月曜に生まれた子は器量よし.

◆子どもが曜日を覚えるようにと,生まれた日で運命を占う内容にした伝承童謡 "Monday's Child" の出だしの文.現在,一般に広まっているのは次のとおり.

> Monday's child is fair of face, / Tuesday's child is full of grace, / Wednesday's child is full of woe, / Thursday's child has far to go, / Friday's child is loving and giving, / Saturday's child works hard for a living, / And the child that is born on the Sabbath day, Is bonny and blithe, and good and gay.
>
> 月曜生まれの子は器量よし,/火曜生まれの子は上品そのもの,/水曜生まれの子はご難続き,/木曜生まれの子は遠くまで行く,/金曜生まれの子は愛情豊かで気前がいい,/土曜生まれの子は働き者,/そして安息日生まれの子はかわいくて陽気,そしてとっても明るいよ.

Once a man, twice a child.

かつて大人の男だったのが,ふたたび子どもになる.

◆年をとると肉体的にも精神的にも子どもに返る,という意味.出典は『ハムレット』第2幕第2場 (*Hamlet*, Act 2, Scene 2) のローゼンクランツ (Rosencrantz) のせりふ Happily he's the second time come to them, for they say an old man is twice a child. (はい,彼はおむつのお世話は2度めです.老人は子どもに返るといいますから).

chocolate チョコレート

as much use as a chocolate fireguard

〔チョコレートのストーブガードと同じくらい有用〕まったく役立たず;屁の突っ張りにもならない.

◆ユーモラスな比喩表現.as much use as a chocolate teapot (チョコレートの急須と同じくらい…) ともいう.

Chocolate causes acne [zits, pimples].

チョコレートを食べるとにきびができる.

◆にきびに悩む十代の青少年を中心として，一般に広く浸透している俗説 (myth)．科学的な証拠はないという．acne, zits, pimples はみな同義語.

That's why they make chocolate and vanilla (ice cream).

〔だからチョコレートとバニラ (アイスクリーム) がつくられている〕好みは人それぞれ.

◆Tastes differ.（好みは異なる）と同じで，嗜好や趣味が異なるのは当然だ，という意味の常套句．語順をかえて That's why they make vanilla and chocolate (ice cream).ともいう.

choice　選択

a choice between two evils

ふたつの悪からの選択.

◆どちらも好ましくないが，そのふたつから選ばなければならない状況をいう.

It's a Sophie's choice.

〔それはソフィーの選択だ〕究極の選択だ.

◆どちらを選ぶのも困難な状況をいう．ウィリアム・スタイロン (William Styron) の小説 (1979)，およびその映画化作品『ソフィーの選択』(Sophie's Choice,1982) から生まれた表現で，アウシュビッツ (Auschwitz) の強制収容所 (concentration camp) に送られたソフィーが，ふたりの子どものうちのひとりだけ命を助けるからどちらか選べと迫られたことから.

Not by choice.

〔選択してではない〕好きでそうする［そうした］わけじゃない.

　Ex. "So you cook for yourself?" "Well, not by choice."

　　「じゃあ，自炊しているんですか」「好きでやっているわけじゃ

ないけどね」

There's small choice in rotten apples.

腐ったリンゴばかりでは選択の余地はあまりない.

◆ シェークスピア (Shakespeare) の『じゃじゃ馬馴らし』第1幕第1
場 (*The Taming of the Shrew*, Act 1, Scene 1) に出てくるせりふ.
腐ったリンゴからどれかを選ぶようなもので, どれを選んでもうれし
くない状況を表す.

Christmas　クリスマス, キリスト降誕祭

All (my) Christmases have come at once.

〔すべてのクリスマスが一度に来た〕盆と正月が一緒に来たようだ.

◆ 望外の幸運に恵まれたときに使う比喩表現.

Christmas comes earlier every year.

クリスマスが来るのが毎年早くなる.

◆ 年をとるにつれて一年が早く過ぎ去るように感じることを表す. 似
た表現に like Christmas coming early (クリスマスが早く来たよう) が
あるが, こちらは「正月が早く来たよう」と同じで, 非常にうれしい
状況についての比喩表現.

Christmas is a time for hope.

クリスマスは希望の時だ.

◆ イエス・キリストが神の子として誕生したことを祝うクリスマスは
人に希望を実感させる, という意味.

cigar　葉巻

pass around cigars

葉巻を配る.

◆ 新しく父親になった人は It's a boy [girl]. (男 [女] の子だよ) など

といって，友人・知人に葉巻を配るのが習慣になっている．この伝統は 17 世紀にまでさかのぼるといわれる．

city 都市, 市

C

City of Angels

天使の街.

◆米国西海岸カリフォルニア州 (California) の都市ロサンゼルス (Los Angeles) の異名. Los Angeles はスペイン語で The Angels を意味することから. 通例, the City of Angels と定冠詞をつける (以下の句も同様).

City of Brotherly Love

友愛の街.

◆米国中西部ペンシルベニア州 (Pennsylvania) の都市フィラデルフィア (Philadelphia) の異名. Philadelphia は「兄弟愛」を意味する古典ギリシャ語に由来することから.

City of Light

光の都.

◆フランスの首都パリ (Paris) の異名. 17 世紀に国王ルイ 14 世 (King Louis XIV) が犯罪対策として主要道路に街灯をつけたことからとも, また啓蒙の時代 (Age of Enlightenment) の中心地だったからともいわれる. ちなみに,「霧の都ロンドン」は (the) Big Smoke という.

City of Water

水の都.

◆イタリア中部の都市ベネツィア (Venice) の異名. Queen of the Adriatic (アドリア海の女王), City of Bridges (橋の街), City of Canals (運河の街), Floating City (浮かぶ街), City of Masks (仮面の街) などともいう.

City That Never Sleeps
眠ることのない街.

◆米国のニューヨーク市 (New York City) の異名. (the) Big Apple
ともいう.

Emerald City
エメラルドの都市.

◆①米国西海岸ワシントン州 (Washington) のシアトル (Seattle) の
異名. 緑が豊富なことから. ②童話の『オズの魔法使い』(*The Won-
derful Wizard of Oz*, 1900) などに登場するオズの国 (Land of Oz)
の首都.

Eternal City
永遠の都.

◆イタリアの首都ローマ (Rome) の異名. その地形から City of
Seven Hills (ななつの丘の都市) ともいう.

Windy City
風の街.

◆米国中西部イリノイ州 (Illinois) の都市シカゴ (Chicago) の異名.

clock　掛け時計；置き時計

(Even) a broken clock is right twice a day.
壊れた時計も1日に2回は正しい.

◆普段は当てにならない人やものも時として正しいこともある, また
は, たまたま正しかったからといってその人やものなどが信頼できる
とは限らない, という意味のことわざ. (Even) a dead [stopped]
clock is right twice a day. (止まった時計も1日に2回は正しい) とも
いう.

Someone has a face that would stop a clock.
〔…は時計を止めるような顔をしている〕ひどく不細工な顔だ；目の覚める

ような美形だ.
◆ものすごく不器量だという場合と，ものすごく器量よしだという場合がある．男女どちらについても使う.

It's a race against the clock.
時計との競争だ.
◆It's a race against time.（時間との競争だ）と同じ.

C

close 近い

Close only counts in horseshoes and hand grenades.
近いのに意味があるのはホースシューズ（馬蹄投げ）と手榴弾の場合だけだ.

◆ホースシューズ（馬蹄投げ）では的である杭（ステーク）にかからなくても，一定の近さであれば得点になり，手榴弾も目標に命中しなくても近くに投げれば殺傷できるが，それ以外の勝負事などではいいところまでいっても勝たなくては意味がない，という場合に使う常套句．米大リーグの外野手フランク・ロビンソン（Frank Robinson）が Close don't count in baseball. Close only counts in horseshoes and hand grenades.（野球では近いのは意味がない．...）といったのが最初という（*Time*, July 31, 1973）.

It's not even close.
〔近くでさえない〕ほかとは比較にならない，段違いだ.
◆他者との比較が無意味なほど実力が飛び抜けているような状況をいう.

cobbler 靴直し職人

Let the cobbler stick to his last.
〔靴直し職人は靴型のところにい続けさせなさい〕素人は余計な口だしをするな.

◆「自分の分を守れ」という意味のことわざ. 古代ギリシャの画家ア
ペレス（Apelles）の故事から. 彼の絵を見た靴直し職人がそこに描
かれた靴がおかしいと指摘したため, アペレスはそれを直した. する
と, 今度は足もおかしいといいだしたため, アペレスはこういってた
しなめたという.

The cobbler always wears the worst shoes.

〔靴直し職人はいつでもいちばん悪い靴をはいている〕紺屋の白袴; 医者の不
養生.

◆ほかの人のために働く仕事をしている人は自分（の家族）をないが
しろにしがちだ, という意味のことわざ. The cobbler's children are
the worst shod.（靴直し職人の子どもがいちばん悪い靴をはいている）
ともいう（shod は「靴をはかせる」という意味の動詞 shoe の過去分
詞）.

▍ cold 冷たい, 寒い; 寒さ; かぜ

cold enough to freeze the balls of a brass monkey

〔真鍮のモンキーの玉を凍らせるほど冷たい［寒い］〕ひどく冷たい［寒い］.

◆the balls of brass monkey は海事用語で, 真鍮の台（brass mon-
key）の上に置かれた大砲の砲弾（鉄球）のことだという.

It'll be a cold day in hell (when ...).

〔(...するときは) 地獄では寒い日になるだろう〕(...というようなことは) あ
るわけない.

◆「それが起こるようなら, 灼熱の地獄も寒くなるだろう」という皮
肉をこめた常套句. It'll be a long day in January (when ...). とも
いう（day の項を参照）.

When A sneezes, B catches a cold.

A がくしゃみをすれば B はかぜを引く.

◆A にとっての軽い問題が B には大問題になる関係を表す.

Ex. When the US sneezes, Japan catches a cold.

米国がくしゃみをすれば日本はかぜを引く.

▌ come 来る;(相手のところに) 行く

C

Come one, come all.

〔ひとり来い, みんな来い〕寄ってらっしゃい, 見てらっしゃい.

◆店や催しなどに人を呼び込むときにいう.

Do you come here often?

ここへはよく来るの?

◆バーなどでナンパしようとしてかける言葉として知られる.(You) come here often? と省略することも多い.

Don't make me come in there!

私をそこに行かせないで.

◆いうことを聞かない子どもに対して親 (特に母親) がよく使うおどし文句. Don't make me come over there! ともいう.「いつまでもいうことを聞かないと, そっちにいっておしおきするよ」という意味. それでもまだ子どもがいうことを聞かないと, I'm coming in [over] there right now! (いまそっちに行くからね) となる.

Here comes the airplane!

ほら, 飛行機が飛んで来たよ.

◆親などが小さな子どもにスプーンで食べ物などを与えるときにいう言葉. Here comes the choo-choo train! (ほら, 汽車ぽっぽが来たよ) ともいい, そのあとに Choo choo (「シュッシュッ」という感じの擬音語) と続けることもある.

How's it coming?

どんな具合だい.

◆相手のやっていることの進展具合などについて尋ねる表現. あいさつとして相手の調子を尋ねる How's it going? (どうしているの) との

違いに注意.

　　Ex. "I'm making a movie." "That's cool. How's it coming?"

　　「僕は映画をつくっているんだ」「すごいね. で, どんな具合だ
　　い」

Lightly come, lightly go.

軽やかに来るものは軽やかに出ていく ; 労せずして得られるものは
すぐに失う ; 悪銭身につかず.

◆Easy come, easy go. とほぼ同じ意味のことわざ. Quickly come,
quickly go. (すぐに来るものはすぐに出ていく) ともいう.

---

communicate　意思疎通を図る, 伝達する, 連絡する

What we've got here is failure to communicate.

私たちの間には意思の疎通が欠けていたようだ.

◆ポール・ニューマン (Paul Newman) 主演の米国映画『暴力脱獄』
(*Cool Hand Luke*, 1967) で, 刑務所所長がいうせりふ (映画のラス
ト近くではポール・ニューマンもいう).

---

complain　不平をいう

**The more you complain, the longer God makes [lets] you
live.**

愚痴れば愚痴るほど神さまは長生きをさせる.

◆不平・不満をいう人は人生から学ぶべきことを学んでいない証拠と
考えられるので, それを学ぶまでは生き続けることになる, という意
味の常套句.

You'd complain if you were hung with a new rope.

〔君は新しいロープで縛り首になっても文句をいうのだろう〕君は死んでも文句
をいい続けるのだろう.

◆ちょっとしたことにもすぐに不平・不満をいう人に対して使う滑稽

で皮肉な常套句．古いロープは強度が不十分なことがあるので，絞首刑では新品のロープを使うのが慣例だが，そのように慣例どおりに処刑されることになってもまだ文句をいうような人だ，ということからとされる．

conscience　良心；分別

A clean conscience makes a soft pillow.
〔心にやましいところがなければ枕が柔らかくなる〕やすらかな心でやすらかな眠り．

◆ことわざ．

Conscience does make cowards of us all.
良心は私たちをみな臆病者にする．

◆良心があるために，本当はしたいこと（悪事や不道徳な行為）ができない，という意味のことわざ．シェークスピア（Shakespeare）の『ハムレット』第3幕第1場（*Hamlet*, Act 3, Scene 1）から．To be or not to be. で始まる独白のあと，自殺を思いとどまるときにこういう．

Let your conscience be your guide.
〔良心を案内役にしなさい〕良心の命ずるところに従いなさい．

◆同じパターンの表現に，Let your imagination be your guide.（想像力のおもむくままにやりなさい），Let your intuition be your guide.（直感に従いなさい）などがある．

consequence　結果

Think about the consequences before you act.
行動する前に結果を考えなさい；よくあと先のことを考えて行動しなさい．

◆Don't do anything you'll regret.（あとで後悔するようなことはする

な）と同じような助言．

contrary　正反対の；反対のもの

Mary, Mary, quite contrary

メアリー，メアリー，正反対だよ．

◆伝承童謡（nursery rhyme）の題名，およびその出だしの文句．広く知られているのは次のとおり．

> Mary, Mary, quite contrary, / How does your garden grow? / With silver bells, and cockle shells, / And pretty maids all in a row.

> メアリー，メアリー，正反対だよ，／あなたの庭はどう育つ？／銀の鈴とザルガイの貝殻，／それに一列に並んだ奇麗なメイド．

cook　料理する；料理人

A cook in the kitchen, a maid in the living room and a whore in the bedroom.

台所では料理人，居間ではメイド，寝室では娼婦．

◆A maid in the living room, a cook in the kitchen and a whore in the bedroom.（居間ではメイド，台所では料理人，寝室では娼婦），An angel in the kitchen and a whore in the bedroom.（台所では天使で，寝室では娼婦）などともいう（angel の項を参照）．米国のモデル・俳優のジェリー・ホール（Jerry Hall）は次のように語っている（https://www.imdb.com/name/nm0355717/quotes/）．

> My mother always said, 'to keep a man happy, you had to be a cook in the kitchen, a maid in the living room and a whore in the bedroom.' With our servants, I can't do everything!

> 母はいつもいってた．「男をずっと喜ばせるには，台所では料理人，居間ではメイド，寝室では娼婦にならなくちゃいけない」ってね．うちにはお手伝いがいるから，私は全部はできない

のよ.

What's cookin' good lookin'?

調子はどうだい，美人さん.

◆あいさつとして相手の調子をたずねる What's cooking? に，韻を踏んだ good looking を加えた表現 (cookin'，lookin' は最後の子音 /ŋ/ が /n/ に変化した発音を表す). ナンパの声かけにも使われる. 米国のカントリーシンガー，ハンク・ウィリアムズ (Hank Williams, Sr.) の 1951 年の歌 "Hey, Good Lookin'" から.

cool　涼しい；冷静な；よい；素晴らしい；冷静さ

before it was cool

流行する前から，名が売れる前から.

◆今でこそ誰もが知っていたり，やったりしているが，それ以前にすでに知っていたり，やっていたという場合に使う. 複数のものについては before they were cool という.

Cool bananas!

すごい；いいね.

◆賞賛や賛意を表す俗語表現.

Cool heads will prevail.

冷静な頭が勝つ.

◆冷静に行動する人が成功する，という意味のことわざ. Cooler heads must prevail. ともいう.

country　国；土地

Happy is the country that [which] has no history.

歴史のない国は幸せだ.

◆歴史がないということは，戦争や残虐行為などの過去の負い目がな

いことだから幸せだ, という意味の常套句.

So many countries, so many customs.

〔国の数だけ習慣がある〕ところ変われば品変わる.

◆類似のことわざに So many men, so many minds. がある (mind の
項を参照).

| **cow   雌牛;乳牛** |

How now, brown cow?

ハウナウ, ブラウンカウ;こんにちは.

◆/au/ の二重母音を意識させた発声・発音練習用の文. 滑稽なあいさ
つとしても使う.

Once you kill a cow, you gotta make a burger.

〔牛を殺したらバーガーをつくらなければならない〕一旦ことを始めたら最後
までやりとおしなさい.

◆米国の歌手レディー・ガガ (Lady Gaga) がミュージックビデオ「テ
レフォン」("Telephone") でいうせりふ.

tell (someone) how the cow ate the cabbage

〔牛がどうやってキャベツを食べたかを (人に) 話す〕(人に) ありのままを話
す.

◆「本人が聞きたくないようなことをずばりという」という意味の表
現で, 主に米国南部で使われる.

Why buy a cow when milk is so cheap?

牛乳がこんなに安いのにどうして乳牛を買うことがあろうか.

◆ものが安く, あるいは簡単に手にはいるときに, わざわざ高い買い
物や手間のかかることをすることはない, という意味の常套句. しば
しば, わざわざ結婚することはないという場合に使われる.

crazy　気が狂った；とんでもない；夢中で

Don't be crazy.

ばかをいってはいけない；何いっているのさ.

◆相手が理不尽なことをいったりしたときに使うが，もっと軽い調子で使うことも多い.

Go crazy.

はめをはずして楽しみなさい.

◆「大いに浮かれ騒ぎなさい」という意味で，子どもに小遣いを渡すときなどにも使う.

So crazy it (just) might work.

あまりにも突飛すぎて，かえってうまくいくかもしれない.

◆It's so crazy that it (just) might work. の省略表現で，常識はずれながらも成功する可能性があるアイデアなどについていう. 皮肉をこめて，あたりまえの方法について使うこともある.

crime　犯罪；罪

Hate the crime, (but) not the criminal.

〔犯罪を憎んでも，犯罪者を憎むな〕罪を憎んで人を憎まず.

◆古くからある常套句. Hate the sin, love the sinner. などともいう（sin の項を参照）.

He who said the rhyme did the crime.

韻をいった人がその犯罪を行った.

◆おなら（fart）に関する一連のやりとりに使われる常套句. 詳しくは smell の項の He who smelt it dealt it. を参照.

It's not the crime, it's the cover-up.

（問題なのは）犯罪ではなく隠蔽だ.

◆犯罪そのものよりもそれを隠蔽するほうがより罪深い，という意味

の常套句.

The weed of crime bears bitter fruit.

〔犯罪という雑草は苦い実をつける〕悪は身を滅ぼす.

◆犯罪その他の悪行は悪い結果しかもたらさない,という意味の常套句. 1930年代の米国のラジオドラマ『ザ・シャドー』(*The Shadow*) から. ナレーターのオーソン・ウェルズ (Orson Welles) が毎回,最後にこの言葉をいう.

cry 泣く;叫ぶ;泣き声;叫び声

cry all the way to the bank

〔銀行に着くまでずっと泣く〕大金が転がりこんでうれしい悲鳴をあげる.

◆慣用句の laugh all the way to the bank (銀行へ行くまでずっと笑う;もうかってうはうはだ) にひねりを加えた常套句で,親が死んで遺産を相続するなど,悲しいできごとで大金を手にする場合や,人に批判されて悲しいながらも金がもうかるからいい,という場合に使われる. 批評家に酷評されながらも人気を博した米国のポピュラーピアニストのリベラーチェ (Liberace) が使って広まった.

Don't come crying to me.

(あとで) 泣きついて来るんじゃないよ.

◆私の忠告を聞かないのなら,あとで痛い目にあっても知らないからね,ということ.

great cry and little wool

〔大きななき声と少ない羊毛〕大騒ぎしたわりには大したことない.

◆羊毛を刈ったものの,羊のなき声ばかり大きくて,毛はほとんどとれないということから. much cry and little wool / more cry than wool / all cry and no wool ともいう.

Someone is going to end up crying.

しまいには誰かが泣くことになるよ.

◆特に，子どもがふざけあっているときなどに，親がこういって注意する.

curse 呪い；ののしり言葉；呪う；毒づく

commentator's curse

解説者の呪い.

◆スポーツ中継で，解説者がほめた選手が，そのあとでミスをしたような場合をいう.

It's a curse.

〔それは呪いだ〕そういう性分でね.

◆「すごい才能ね」などとほめられたとき，「本人にとってはちっともうれしくないものだ」という意味で使う. blessing の項の It's a blessing and a curse. を参照.

daddy お父ちゃん, パパ

Daddy needs (new) shoes. → shoe の項を参照.

Who's your daddy?

〔おまえのお父ちゃんは誰か〕誰がボスか.

◆私とおまえの力関係は親子のようなもので,「私はおまえのボスだ」または「私の実力がはるかに上だ」という意味で使う俗語表現.

damn 呪う; 破滅させる

Damn it (all) to hell!

〔それは地獄に落ちろ〕しまった, くそっ; まずかった.

◆自分の失敗や不運などをののしる俗語表現. damn, hell はどちらもののしり言葉 (swearword) であるため, より穏やかないい換え語を使って Dang it (all) to heck! / Darn it (all) to heck! などともいう.

Damn the torpedoes, full steam ahead!

いまいましい機雷め, 全速前進だ.

◆米国南北戦争 (American Civil War) 時, モビール湾の海戦 (Battle of Mobile Bay, 1864) で, 北軍海軍艦長デビッド・ファラガット (David Farragut) がアラバマ州の同湾に突入することを命じた言葉とされる.「リスクなどかまうものか. とにかくやるんだ」という意味で広く引用される. 現代英語では, 水中に停止している「機雷」を mine といい, 自走する「魚雷」を torpedo と呼んで区別するが, 当時は自走式の魚雷はまだ発明されておらず, 機雷を torpedo と呼んでいた.

danger 危険

A danger foreseen is half avoided.

〔予見された危険は半分回避されている〕備えあれば憂いなし.

◆危険を事前に予測することの大切さを説いたことわざ.

stranger danger

見知らぬ人の危険；怪しい人物.

◆特に小さな子どもに対して,「知らない人について行ってはいけない」という文脈で使う.

Ex. Watch out for stranger danger. 知らない人には気をつけなさい.

dark 暗い, 黒い；黒

oh [zero] dark hundred

〔午前ひと桁の暗がり時00分〕早朝, 朝っぱら.

◆「24時制」の時刻表示を英語では military time（軍隊時間）といい,午前0時, 午前5時, 午前9時15分はそれぞれ 00:00, 05:00, 09:15 と表記し, oh [zero] hundred, oh [zero] five hundred, oh [zero] nine fifteen という（数字の0は正式には zero と読むが, 一般には oh ということが多い）. oh [zero] dark hundred はこれにならった表現で「午前のひと桁の暗がり時00分」すなわち「まだ暗い早朝」を意味し,「こんな朝っぱらに起きなくちゃいけない」というときに使うことが多い. ほぼ同じ意味で oh [zero] dark thirty（午前ひと桁の暗がり時30分）ともいう.

The darkest place is under the candlestick.

〔もっとも暗い場所はろうそく立ての下だ〕灯台もと暗し.

◆身近なものほど気づきにくい, という意味のことわざ.

daughter 娘

A daughter is a daughter all of her life.

娘は生涯ずっと娘だ.

◆女性は結婚して家族ができたあとも実家との結びつきが強いことをいう. son の項の A son is a son until he takes a wife. を参照.

daughter out

姓が途絶える.

◆子どもが女ばかりで, 結婚して夫の姓を名乗るなどで, 実家の姓が継承されなくなることを意味する句動詞.

He that would the daughter win, must with the mother first begin.

〔娘を得ようとするなら, まずは母親から始めなければならない〕将を射んと欲すればまず馬を射よ.

◆結婚したい女性がいたら, その母親に気にいられることだ, という意味のことわざ. 文法的には He that would win the daughter must begin with the mother first. となるところだが, win と begin が韻を踏むように語順が倒置されている.

day 日；昼間；時代

Every day is a school day. → school の項を参照.

I had better days.

〔もっとよい日があった〕イマイチだね, あまりぱっとしない.

◆How are you? などと聞かれたときの返答.

I have my days.

〔私の日がある〕そうでない日もある, いつもそうとは限らない.

◆いつもは明るく元気な人がたまには落ち込むこともあるように, いつもの自分らしくないときもある, という意味の表現.

Ex. "I'm trying to locate a woman. I hear you're pretty good at it." "I have my days."

「ある女性の居場所を知りたいんですが．あなたはそういうのが得意だそうですね」「いつもうまくいくとは限りませんがね」

It'll be a long day in January (when ...).

〔(...するときは) 1月の長い日だろう〕(...というようなことは) あるわけない.

◆「それが起こるようなら，日照時間の短い1月の長い日になるだろう」という皮肉をこめた常套句. cold の項の It'll be a cold day in hell (when ...). もほぼ同じ.

Just another day at the office.

〔会社での別の日にすぎない〕毎度のことだ；いつもながらだ.

◆毎日のように同じことがくり返される状況をいう.

Just another day in paradise.

〔楽園の別の日だ〕いい調子だね.

◆物事が順調に運んでときに使う．皮肉をこめて，その逆の場合にいうこともある.

dead 死んだ；死んでいる

better dead than red

赤になるくらいなら死んだほうがまし.

◆1950年代の冷戦時代の米国で使われたスローガン.

Dead men don't bite.

死人はかまない.

◆死者が生きている人に危害を加えることはない，という意味のことわざ．しばしば，自分にとって都合の悪い人を始末してしまおうという場合に使う.

dead presidents

〔死んだ大統領たち〕お金.

◆米国の紙幣には過去の大統領の肖像が描かれていることから.

Don't speak ill of the dead.

死んだ人のことを悪くいうな, 死者にむち打つな.

◆古くから世界中にある常套句. Never speak ill of the dead. ともいう.

Once you're dead, that's it.

死んだらおしまいだ.

◆死後の世界はなく, 死とともに自我も消滅する, という意味でよくいわれる.

Play dead.

死んだふりをしなさい.

◆犬への命令. roll over and play dead (転がって死んだふりをする) は犬が命じられたとおりにすることから,「唯々諾々として従う」という意味の慣用句として使う.

You're a long time dead.

〔人はとっくに死んでいる〕人生は短い.

◆生きているうちに楽しもう, という意味の常套句. この you は一般人称で, We're a long time dead. ともいう.

death　死; 死因

death by a thousand cuts

〔千の切り傷による死〕徐々に破滅へと向かうプロセス, 緩慢な死.

◆清朝時代の中国などで行われていた, 罪人の体を生きたまま少しずつ切り落とす凌遅刑 (英語 lingchi) の英語訳から. death of a thousand cuts ともいう. 米国の歌手テイラー・スウィフト (Taylor Swift) の歌に "Death by a Thousand Cuts" がある.

I would die a thousand death.

千回死んでもかまわない；死んだほうがましだ.

◆①愛する人のためなら死んでもよい，②そんなことするくらいなら死を選ぶ，③そんなことになったら死ぬよりつらい，というような場合に使う.

You'll catch your death (of cold).

（かぜを引いて）死んじゃうよ.

◆寒い中を薄着で出かけようとする人などに対していう.

D

denial 否定，否認

Denial isn't (just) a river in Egypt.

〔否定はエジプトの川じゃない〕誰かさんは現実を認められないようだね.

◆意味は Someone is in denial.（現実を認められない人がいる）とほぼ同じ. denial を the Nile（ナイル川）にかけたしゃれで，「ディナイアルってのはエジプトの川なんかじゃないんだね」ということから.

You're in denial.

あなたは現実否認している.

◆この denial は心理学用語でいう「否認」で，受けいれがたい現実を認めようとしない態度のこと. You're in a state of denial. ともいう.

deny 否定する，違うという

He who denied it supplied it.

〔否定した人がそれをだした人だ〕違うといったやつが犯人だ.

◆おなら（fart）のにおいが話題にあがり，誰かが「自分じゃない」と否定したときに使う常套句. 相手が女性のときは She who denied it supplied it. といい，男女を問わず Whoever denied it supplied it. ということもある. 転じて，問題の責任を否定した人がその原因だ，という場合にも使われる. denied と supplied が韻を踏んでいることに注意. おならに関するやりとりにはさまざまなバリエーションがある

が，詳しくは smell の項の He who smelt it dealt it. を参照.

deserve （報いなどを）受けるに値する

First deserve and then desire.

最初にふさわしい者となり，それから望みなさい.

◆願望をかなえようとするなら，まずは地道に努力しなさい，という意味のことわざ.

You get what you deserve.

〔人は自分にふさわしいものを得る〕自業自得.

◆「自分のなした行為はすべて自分にはね返ってくる」というカルマの法則 (law of karma) を表す言葉. karma の項の Karma is a bitch. を参照.

destroy 破滅させる；滅ぼす

Carthage must be destroyed.

カルタゴは滅ぼさねばならない.

◆繁栄するカルタゴを滅ぼすべきだと考えた古代ローマの元老院議員カトー (Marcas Porcius Cato) は，第三次ポエニ戦争 (Third Punic War) 前に，毎回この言葉で演説を締めくくったとされる. 一般に，「邪魔者は何があっても排除せよ」という意味で引用される.

Whom the gods would destroy, they first make mad.

神々は滅ぼそうとする者をまず狂気に陥らせる.

◆人は正常な判断力を失って破滅の道を突き進む，という意味のことわざ.

devil 悪魔

Go to the devil!

くたばりやがれ；とっととうせろ．

◆ Go to hell! などと同じ意味の罵倒表現．

The devil is beating his wife.

〔悪魔が女房をたたいている〕天気雨が降っている，狐の嫁入りだ．

◆ 天気がよいことに悪魔が怒ってその女房をたたき，女房の涙が雨として降ってきている，ということから．The devil must be beating his wife. ともいう．これらの表現よりも，日本語の「天気雨」と同じ発想の sun shower（sunshower ともつづる）のほうが広く使われているが，これを採録している辞書はあまりない．

The devil made me do it.

悪魔にそそのかされてそれをやってしまったのです．

◆ 悪事をした人のいいわけ．米国のホラー映画『死霊館　悪魔のせいなら，無罪．』(*The Conjuring: The Devil Made Me Do It*, 2021) の題名にも使われている．

---

die　死ぬ；さいころ，さい

A man only dies when he's forgotten.

人は忘れられたときにのみ死ぬ．

◆ 人は死んでも覚えている人がいるうちは生きているのも同然だ，という意味の常套句．People only die when they're forgotten. ともいう．

I want to curl up and die.

〔丸くなって死にたい〕穴があったらはいりたい．

◆ 非常に恥ずかしい思いをしたときに使う．ほぼ同じ意味で I wish the ground would swallow me up. ともいう（ground の項を参照）．

I'd die with the hammer in my hand, Lord, Lord!

私はハンマーを手にもって死ぬでしょう，主よ，主よ．

◆ 米国民謡の "John Henry" の歌詞の一部．ジョン・ヘンリーは伝説上の怪力の黒人鉄道敷設労働者で，1870 年代に鉄道建設に従事し，

機械とのくい打ち競争に勝ったとされる.

It's better to die on your feet than live on your knees.
ひざまずいて生きるより立ったまま死んだほうがよい.
◆ メキシコ革命 (Mexican Revolution, 1910–20) の指導者のひとり エミリアーノ・サパタ (Emiliano Zapata) の言葉.

What did your last slave die of?
〔おまえの最後の奴隷はなんで死んだのか〕 私はあんたの奴隷じゃないよ.
◆ あれこれ命令する人などに対して使う皮肉な表現.

When I die, I want to go in my sleep.
死ぬなら, 寝ている間にぽっくりいきたい.
◆ 多くの人が願う死にかた. 日本語で「畳の上で死にたい」というの と同じ発想で, I want to die in my bed (while I'm asleep). ともい う.

Who died and made you boss?
〔誰が死んであなたをボスにしたのか〕 いったいいつから人に指図するよう になったんだ.
◆ まるでボスのようにふるまっている人に対する皮肉. 偉そうな口を きく子どもに対して親がいうことも多い. Who died and left you boss? ともいう. 同じような意味あいで, Who died and left you in charge? (誰が死んであなたを責任者にしたのか), Who died and made you (the) king [God]? (いつから王さま [神さま] になったのだ: おま えはいつからそんなに偉くなったのか) なども使われる.

| disapprove   不賛成を唱える

I disapprove of what you say, but I will defend to the death your right to say it.
あなたのいっていることには賛成しないが, あなたがそれをいう権利 は死んでも擁護しよう.

◆言論の自由についての原則を的確に述べた言葉. フランスの啓蒙思想家ボルテール (Francois Voltaire) の言葉とされるが, 実際は英国の作家エブリン・ベアトリス・ホール (Evelyn Beatrice Hall) によるボルテール逸話集『ボルテールの友人』(*The Friends of Voltaire*, 1906) にあるだけで, ボルテールの著作物にはないようだ.

D

discontent 不満

Now is the winter of our discontent
今やわれわれの不満の冬は去る.

◆シェークスピア (Shakespeare) の戯曲『リチャード 3 世』(*Richard III*) の最初に出てくるリチャード 3 世の言葉で, Now is the winter of our discontent / Made glorious summer by this sun of York. (今やわれわれの不満の冬は去り／ヨークの太陽によって華やかな夏がつくられる) と続く. これは倒置文で, 普通は Now the winter of our discontent is made glorious summer by this sun of York. (今やわれわれの不満の冬はヨークの太陽によって華やかな夏になった) という語順になるところ.

discretion 思慮分別, 慎重；自由裁量

An ounce of discretion is worth a pound of wit.
1 オンスの分別は 1 ポンドの機知に値する.

◆機知を働かせて冗談などをいうよりも, 時と場所をわきまえる慎重さのほうが大切だ, という意味のことわざ. 趣味の悪い冗談や皮肉を戒めるときに使うことが多い.

Parental discretion is advised.
〔親の分別が求められます〕お子さまに見せる際にはご注意ください.

◆内容的に子どもには不適切, または光の刺激が強すぎるなどの問題があると思われるテレビ番組が始まる前に流れる警告の言葉. View-

er discretion is advised.（視聴者の慎重な判断が求められます）や，
Due to some violent content, parental discretion is advised.（一部，
暴力的な内容があるため，お子さまに見せる際はご注意ください）など
ということもある．discretion の代わりに guidance を使って，Parental guidance is advised. ともいう．

| distance　距離

Distance lends enchantment (to the view).

〔距離は（眺めに）魅力を加える〕遠目に見ると美しい；過去は美しい．
◆空間的・時間的に離れて見ると，ものごとはより魅力的に見える，
という意味のことわざ．

Distance makes the heart grow fonder.

〔距離は心をさらに好きにならせる〕離れ離れになると，余計に恋しくなる．
◆よく使われることわざだが，実際には Long-distance relationships
don't work.（遠距離恋愛はうまくいかない）が現実のようだ．

| doctor　医者

Doctors make the worst patients.

医者は最悪の患者になる．
◆専門家は自分が一番よく知っていると思っているので，人の忠告を
聞く耳をもたない，という意味の常套句．

Is there a doctor in the house?

ここにお医者さんはいませんか．
◆けが人などが出たときに，その場にいる人たちにかける言葉．

| dog　犬

and your little dog, too → get の項の I'll get you, my pretty, and your little dog, too! を参照.

As a dog returns to his vomit, so a fool repeats his folly.

犬が自分の吐いたものに戻るように，愚か者は愚行を繰り返す.

◆旧約聖書の「箴言」26 章 11 節 (Proverbs 26:11) にある言葉. こと
わざとしても使われる.

Better be the head of a dog than the tail of a lion.

〔ライオンのしっぽよりも犬の頭のほうがよい〕鶏口となるも牛後となるなか
れ.

◆大きな組織のその他大勢のひとりでいるよりは，小さな組織でも
トップに立つほうがよい，という意味のことわざ.

Curb your dog.

犬をしつけなさい.

◆「歩道などで犬に糞をさせるな」という意味の掲示で，日本の「犬
のフンはもち帰りましょう」に相当する. 動詞 curb は「抑制する」
という意味.

Dogs can smell fear.

犬は恐怖心をかぎつけることができる.

◆犬は怖がる人を敏感に感じとり，攻撃的になる，という意味で，科
学的な事実だという. Animals can smell fear. (動物は恐怖心をかぎつ
けることができる) ともいわれる.

Dogs have masters, cats have staff.

犬には主人がいるが，猫にはスタッフがいる.

◆犬は飼い主に仕えるが，猫は逆に飼い主を使う，という意味のこと
わざ.

Don't keep a dog and bark yourself.

犬を飼っていて自分でほえるな.

◆人を頼んであるのにわざわざ自分ですることはない，という意味の
ことわざ. Why keep a dog and bark yourself? (犬を飼っていてなぜ

自分でほえるのか）ともいう.

Give a dog a bad name and hang him.

〔犬に汚名を着せて吊るしてしまえ〕一度立った悪評はなかなか消えない.

◆確たる証拠がなくても，悪評が立つと社会的に抹殺されてしまうことを意味することわざ.

If you lie down with dogs, you will get up with fleas.

〔犬と一緒に横になれば起きるときにはノミと一緒だろう〕朱に交われば赤くなる.

◆悪い仲間とつき合うと悪い影響を受ける，という意味のことわざ. Those who sleep with dogs will rise with fleas.（犬と一緒に寝る者はノミと一緒に起きるだろう）ともいう.

(It's) not my dog.

〔それは私の犬ではない〕私には関係のないことだ；そんなことは知ったこっちゃない.

◆It's not my problem.（それは私の問題ではない）と同じ意味の常套句. しばしば Not my dog, not my problem.（私の犬じゃないし，私の問題ではない）として使う.

It's not the size of the dog in the fight, but the size of the fight in the dog.

大事なのは闘争している犬がどれほど大きいかではなく，犬がどれほど闘争心をもっているかだ.

◆「精神力が大事だ」という意味の常套句.

My dogs are barking.

〔私の犬が吠えている〕足が痛い.

◆My feet hurt. の意味の表現.

Something **shouldn't happen to a dog.**

〔…は犬に起こるべきでない〕あまりもひどい.

◆そんなことは犬に対してでさえあってはならない，ということから.

That dog won't hunt.

〔その犬は獲物をとらない〕それはうまくいかない；それはだめだ.

◆It [That] won't work. とほぼ同じ意味の常套句. That won't fly.
（それは飛ばない；それはうまくいかない）ともいう.

the dog that caught the car

〔車をつかまえた犬〕目標を達成したのにどうしていいかわからない人.

◆車を追いかけていって実際に車をつかまえてしまった犬のようだ,
ということから.

three-dog night

〔3匹の犬の夜〕ひどく寒い夜.

◆暖をとるために3匹の犬を抱かないといけないほど寒い, というこ
とから.「オールド・ファッションド・ラヴ・ソング」("An Old
Fashioned Love Song", 1971) などのヒット曲で知られる米国のロッ
クバンド, スリー・ドッグ・ナイト (Three Dog Night) の名はこれ
からとっている.

until the last dog is hung

〔最後の犬が吊されるまで〕最後の最後まで.

◆パーティーなどで, ほかの人がみな帰ったあとでも最後まで残って
いる, というような場合に使うことが多い. 米国西部で生まれた表現
で, dog は牛泥棒などの悪人を意味し,「悪党全員が縛り首になるま
で（見物する）」というのが由来という.

dollar ドル

a dollar and a dream

1ドルと夢.

◆夢だけはあるがお金のない状態をいう. Dollar and a dream は米国
の宝くじロットのスローガンとしても有名. ロットのスローガンには
Hey, you never know.（ねえ, どうなるかはわからないよ）と You've

gotta be in it to win it. (それに勝つためには参加しなくちゃ) もある.

If I had a dollar.

〔1ドルをもっていたら〕そんなことならいっぱいあるよ.

◆If I had a dollar for every time I heard that, I would be rich by now. (それを聞いたときに毎回1ドルをもっていたら, 今頃は金持ちになっていたのに) などの後半を省略したもの. If I had a dime. (10セントをもっていたら) や If I had a nickel. (5セントをもっていたら) ともいう.

In for a dime, in for a dollar.

〔10セントのためにはいるのなら, 1ドルのためにもはいる〕どうせやるならとことんやってやれ; 毒を食らわば皿まで.

◆In for a penny, in for a pound. と同じで, 一旦何かを始めたら最後までやる, あるいはもっと困難なこともやる, という意味のことわざ. hang の項の You might as well be hanged for a sheep as for a lamb. を参照.

---

door　ドア；戸

Don't let the door hit you where the good Lord split you!

〔よき主があなたを裂いたところをドアにぶつけさせるな〕さっさと出て行きな; あなたがいなくなってもこっちはちっとも困らない.

◆where the good Lord split you はお尻の裂け目のことで, 「ドアをあけて部屋を出るときに, ドアにお尻をぶつけられないようにしなさい」という意味. 同じ意味で Let the door hit you where the good Lord split you! ともいう. 黒人英語の俗語表現からとされる.

Katie [Katy], bar the door.

〔ケイティー, ドアにかんぬきをかけなさい〕気をつけなさい.

◆危険が迫っているから警戒しなさい, という意味の常套句. 一説には, スコットランド王ジェームズ1世 (James I of Scotland) の暗殺

事件に由来するという．修道院に宿泊中
の国王が暗殺者の集団に襲われたとき，
侵入者を部屋にはいらせまいと，王妃
ジョアン・ボーフォート（Joan Beau-
fort）はドアにかんぬきをかけるように
侍女（lady-in-waiting）のキャサリン・
ダグラス（Catherine Douglas）に命じ
た．しかし，かんぬきがなかったため，
キャサリンは自分の腕をかんぬき代わり
にしたという．この挿話は英国のラファ

エル前派（Pre-Raphaelite Brotherhood）の画家・詩人のダンテ・ゲ
イブリエル・ロセッティ（Dante Gabriel Rossetti）の詩「王の悲劇」
（"The King's Tragedy"）にうたわれている．

Little hinges swing big doors.

小さなちょうつがいが大きなドアを開閉させる．

◆小さな変化が大きな結果をもたらす，という意味のことわざ．

When one door closes, another opens.

ひとつのドアがしまるとき，別のドアが開かれる．

◆ひとつの可能性が消えても，別の可能性がひらける，という意味の
ことわざ．英国の発明家アレクサンダー・グラハム・ベル（Alexan-
der Graham Bell）の引用句とされることが多いが，もっと古く，ス
ペインの作家セルバンテス（Miguel de Cervantes）の『ドン・キホー
テ』（Don Quixote）の中に同じ趣旨の言葉がある．

You make a better door than a window.

〔君は窓よりもよいドアになる〕前がよく見えないからちょっとどいてくれ
ないか．

◆窓の外を見たいのに，「君は窓ではなくドアのように視界の邪魔に
なっている」という皮肉をこめた滑稽な表現．Is your father a gla-
zier?（おまえの父親は窓ガラス職人か）ともいう．

| **doubt** 疑う；疑い

Never doubt the power of something.   → power の項を参照.

When in doubt, leave it out.
迷ったときはやめておけ.
◆When in doubt, do nothing.（迷ったときは何もするな）とほぼ同じ
意味の常套句. 全体が4拍で, doubt と out が韻を踏んでいる.

| **dream** 夢（を見る）

Don't dream too big.
あまり大きな夢を見るな.
◆大きな夢を追いかけても失敗する可能性が高いから, 地道な生活を
心がけなさい, という忠告.

Dream of a funeral and you hear of a marriage.
葬式の夢を見ると結婚の話を聞く.
◆次の Dreams go by contraries. の一例で, 夢占いとしてよくいわれ
る.

Dreams go by contraries.
〔夢は反対をいく〕夢は逆夢.
◆夢に見たことの反対が現実世界では起こる, という意味の常套句.

Early morning dreams come true.
早朝の夢は正夢.
◆広く知られた俗信. Morning dreams come true. ともいう.

Someone **is living the dream.**
夢のような生活をしている.
◆願ってもない生活をしている, という意味の常套句. 皮肉として,
その正反対のことをいうこともある.

Keep dreaming.

せいぜい夢を見続けなさい.

◆相手が自分に都合のよいようなことをいったとき,そんなこと実現
するわけない,という意味で使うことが多い.同じような意味で
You're dreaming.(それは夢物語だね),Dream on. ともいう.

No dream is too big.

どんな夢も大きすぎることはない.

◆どんなことも挑戦可能であるという意味の常套句.challenge の項
の No challenge is too great. を参照.

One can dream.

人は夢を見られる.

◆実現しそうにないかもしれないけど,夢見ることは許されるでしょ
う,という場合に使う常套句.A boy [girl, man, woman] can
dream.(男の子 [女の子,男,女] だって夢を見られる)ともいう.

Please let it [this] be a dream.

どうかそれ [これ] が夢でありますように.

◆現実であっては困るような状況のときに使う.反対に,夢のような
幸せな状況のときには Please don't let it [this] be a dream. という.

the stuff dreams are made of

夢をつくっているもの.

◆夢のようなすばらしいものをいう.米国映画『マルタの鷹』(*The
Maltese Falcon*, 1941) でハンフリー・ボガート (Humphrey Bogart)
演じるサンフランシスコの私立探偵主人公サム・スペード (Sam
Spade) の最後のせりふとして有名.殺人の動機となった鷹の彫像に
ついて刑事に聞かれたときにこういう(邦訳は「夢がつまっているの
さ」などいろいろある).ただし,おおもとの出典はシェークスピア
(Shakespeare) の『嵐』第 4 幕第 1 場 (*The Tempest*, Act 4, Scene 1)
のプロスペロー (Prospero) のせりふ We are such stuff / As dreams
are made on and our little life / Is rounded with a sleep.(私たちは

夢をつくっているものと同じ素材で，私たちのささやかな人生は眠りによって締めくくられる）．

dress　服装；ドレス；服を着せる［着る］

All dressed up and nowhere to go.

すっかりおめかししたのに，どこにも行くところがない．

◆パーティーなどに出席する準備がすっかり整ったのに，土壇場でキャンセルされたときの様子．

Are you going out dressed like that?

そんな格好で出かけるのかい．

◆「もっとちゃんとした格好をしなさい」という意味で，特に母親が子どもに対して，または妻やガールフレンドがパートナーに対してよくこういう．You're not going dressed like that.（出かけるのにそんな格好じゃダメよ）ということもある．

Dress for the slide, not the ride.

乗るためでなく，転ぶために着ろ．

◆オートバイのライダーたちのモットー．格好よい服装ではなく，転倒したときにけがをしないような服装をすべきだという意味．

This is not a dress rehearsal.

これは舞台稽古ではない；これは予行演習じゃないのよ．

◆この行事はやり直しのきかない一発勝負の本番だから，そのつもりでやりなさい，という場合に用いる．dress rehearsal というのは演劇で，本番前に衣装を着けて行う最終リハーサルのことで，「本番前の予行演習」の意味でも使われる．

drop　落とす（こと）；落ちる（こと）；水滴

a short drop and a sudden stop

〔短い落下と突然の停止〕絞首刑（による死）.

◆絞首刑（death by hanging）の婉曲表現. a quick drop and a sudden stop ともいう.

Drop it. / Let it drop.

〔それを落とせ〕その話はもういい，それについてはもういうな；それはもう忘れなさい.

◆Drop it already. / Let it drop already. ということも多い. let it drop は秘密などを「うっかりもらす」という意味もある.

drop like flies

〔ハエのように落ちる〕（人などが）ばたばた死ぬ.

◆常套比喩表現.

The last drop makes the cup run over.

最後の一滴がカップをあふれさせる.

◆人間の忍耐などには限度があり，耐えに耐えているところに最後の刺激が加われば堰が崩れたようになる，という意味のことわざ. It's the last straw that breaks the camel's back.（ラクダの背中を折るのは最後のわら一本だ）とほぼ同じ.

---

drown おぼれる；おぼれ死ぬ；おぼれさせる

If you're born to be hanged, then you'll never be drowned.

縛り首になるように生まれついていれば決しておぼれ死ぬことはない.

◆いつどのように死ぬかは運命によるもので，人間はそれをどうすることもできない，という意味のことわざ.

---

drumroll 太鼓の連打

Drumroll, please!

〔太鼓の連打をお願いします〕ジャジャジャジャーン.

◆重大発表をする前に，聞き手の期待を高めようとしていうせりふ.
テレビのクイズ番組で司会者が正解を発表する前や，ゲストが登場す
る前にドラムの効果音を促すことから.

---

dummy　模型；人形；ばか

(My) mama didn't raise no dummy.

〔ママはばかを育てなかった〕オレはばかじゃないよ.

◆I wasn't born yesterday.（私はきのう生まれたわけではない；何も知
らないばかではない）とほぼ同じ.

ダミーとダンベルとダンボ

　dummy は「口のきけない；ばかな」という意味の形容詞
dumb /dʌ́m/ に接尾辞 -y をつけてできた名詞で，「口のきけない
人；ばか；人形；模型；ダミー」を意味する.

　筋力トレーニングで使うダンベル dumbbell は dumb の複合
語で，文字どおりには「音の鳴らない鐘」を意味するが，もとは
教会の鐘を鳴らす練習用に開発された，音の出ない模擬装置を指
した. その操作は体力を要したため，のちに考案されたトレーニ
ング用具もこう呼ばれた. 日本語では「鉄アレイ」ともいうが，
もとは英語を直訳した和製漢語の「唖鈴」だった. ちなみに，
「バーベル」barbell は bar（棒）のついた dumbbell ということか
らつくられた複合語.

　ディズニーアニメのダンボ Dumbo /dʌ́mbou/ も dumb に人を
表す接尾辞 -o がついてできたもので，「おばかさん，まぬけ」を
意味する. 耳がやたらに大きくて，まぬけに見えることから，正
式な名であるジャンボ・ジュニア Jumbo, Jr. にひっかけてこう
あだ名された.

ear 耳

It's between your ears.

それは両耳の間にある；要は頭の問題だ.

◆頭でどう考えるかが大事だ，という意味の常套句. Gender is not between your legs but between your ears. (性は股間の問題ではなく頭の問題だ) などとも使う.

You have two ears and one mouth.

耳はふたつで，口はひとつ.

◆「話すよりも聞くことを心がけるべきだ」という意味で，Listen twice as much as you talk. (話すことの2倍聞きなさい) などと続けることも多い.

eat 食べる

(Do) you eat with that mouth? → mouth の項を参照.

eat like a horse

〔馬のように食べる〕もりもり食べる，大食漢だ.

◆常套比喩表現.「小食だ」は eat like a bird (鳥のように食べる),「がつがつ食べる」は eat like a pig という. なお,「おなかぺこぺこだ」は I could eat a horse. (馬一頭食べられそうだ) という.

Eat or be eaten.

食うか食われるか.

◆弱肉強食のジャングルの法則 (law of the jungle) を表す言葉. 厳しいビジネスの世界についても使う.

Watch what you eat.

食べるものに気をつけなさい.

◆健康によいものを選んで食べるようにしなさい，という意味.
Watch what you eat and drink.（飲食物に気をつけなさい）ともいう.

You have to eat a peck of dirt before you die.

誰でも死ぬまでに少しくらいは土を食べずにはすまない.

◆人生には多少の不快なことはつきものだから我慢しろ，という意味
の常套句. 文字どおりに，落ちて土などのついた食べ物を気にせずに
食べろ，という場合に使うことも多い. peck は米国で約7リットル，
英国で約9リットルの量. ちなみに，落ちた食べ物は5秒以内に食
べれば安全だといわれることが多く，the five-second rule（5秒ルー
ル）として知られているが，科学的根拠はないらしい.

egg 卵

A black hen lays a white egg.

〔黒い雌鳥は白い卵を産む〕見かけで判断するな.

◆Don't judge a book by its cover.（表紙で本を判断するな）とほぼ同
じ意味のことわざ.

Someone is a few eggs short of a dozen.

〔…は1ダースには卵が少し足りない〕頭が少し弱い，どこか抜けている.

◆one egg short of an omelet（オムレツには卵が1個足りない）ともい
う. short の項の Someone is A short of B. を参照.

Go fry an egg!

〔卵を揚げに行け〕あっちへ行け.

◆Go fly a kite!（たこ揚げに行け），Go jump in the lake!（湖に飛び込
みに行け），Go chase yourself!（自分を追いかけに行け）などと同じで，
うるさく邪魔をするような相手に対して使う.

What do you want, egg in your beer?

〔何がほしいのか，ビールに卵をいれてもらいたいのか〕それ以上何を望むのか．

◆あなたはもう十分に恵まれているじゃないか，という意味で使う．ビールに生卵を割っていれる飲み物は egg in beer といって，昔から飲まれている．

What's that got to do with the price of eggs?　→ price の項を参照．

---

elephant　象

How do you eat an elephant? One bite at a time.
どうやって象を食べるか．1度にひと口ずつ．

◆よく知られた問答で，圧倒されるような量の仕事は少しずつ進めるしかない，という意味．そのようにすることを eat an elephant one bite at a time（象を1度にひと口ずつ食べる）という．

see pink elephants
〔ピンクの象を見る〕幻覚を起こす，まぼろしを見る．
◆特に酒の影響でそうなる場合に使うことが多い．

---

elevator　エレベーター

Somebody's elevator doesn't go all the way up (to the top).
〔…のエレベーターはいちばん上まで行かない〕頭が少し足りない；ちょっと抜けている．

◆意味としては egg の項の *Someone is a few eggs short of a dozen.* と同じ．The elevator doesn't go (all the way) to the top (floor). などともいう．

Hold the elevator.
そのエレベーター待って．

◆そのエレベーターには私も乗るから少し止めておいてください，というときに使う．Hold it. もいう．エレベーター内で使う表現には，This is my floor. (この階で降ります)，(I'm) getting off. (ここで降りますから通してください)，What [Which] floor are you going to? (何階へ行きますか)，What's your floor? (どの階で降りますか) などがある．

empty 空の

An empty sack cannot stand (upright).

〔空の袋は (まっすぐには) 立たない〕腹が減っては戦^{いくさ}はできぬ；衣食足りて礼節を知る．

◆小麦粉のはいった袋は立つが空だと立たないように，人も空腹ではまともに働けない，あるいは衣食に事欠く状態ではまともな生活はできない，という意味のことわざ．

You can't pour from an empty cup.

空のカップからは注げない．

◆自分のことで手一杯の状態では人のために何かをすることはできない，という意味のことわざ．

end 終わり；目的；端；終わる

It never ends with you.

〔あなたにとってそれは決して終わらない〕それしか頭にないのかい；君はいつもそればっかりだね．

◆相手がしつこく同じことを聞いたり，いつもの癖をだしたりしたような場合に使う．

It's the end of the road.

〔ここが道の終わりだ〕これまでです；万事休す．

◆それ以上の進展が望めない状況をいう．米国のオーディション番組

『アメリカンアイドル』(*American Idol*, 2002–) で，司会のライアン・シークレスト (Ryan Seacrest) が参加者に次週に進めないと告げるときによく使う．否定形の It's not the end of the road. (まだ万事休すというわけじゃない) も使われる．

The end crowns the work.

〔終わりが仕事［作品］に冠を授ける〕終わりかたが大事だ；有終の美．

◆事業や芸術などはどのような形で終わるのかが大事だ，または終了してはじめて評価が定まる，という意味のことわざ．ラテン語 *Finis coronat opus.* /fínis kɔːróunæt óupəs/ の翻訳表現で，このラテン語の句は学校や国のモットーとして使われることが多い．

E

This end up.

〔こちら側を上に〕天地無用．

◆荷物のラベルなどの表示で，上向きの矢印がついている．This side up. も使われる．

This ends here and now!

〔これは今ここで終わる〕今ここで終わらせる．

◆米国コミックのキャラクターのソー (Thor) を主人公とする映画『ソー：ラブ & サンダー』(*Thor: Love and Thunder*, 2022) で，ソーがいう決めぜりふ (catchphrase)．

You don't want to end up like me.

私みたいになりたくないでしょ．

◆私を同じようなまちがいをしてほしくない，という場合に使う．親が子どもに「よく勉強しなさい」というときの理由づけとしても使う．

enough　十分な；十分に；十分

Enough is too much.

〔十分は多すぎる〕もうたくさんだ．

◆Enough is enough. と同じで，「これ以上は我慢できない；何か手

を打たないといけない状況だ」という意味の常套句.

It's never enough for you.

〔あなたにとって十分ということは決してない〕あなたは満足するってことがないのね；まったく欲張りなんだから.

◆問題を抱えたカップルの間でよく聞かれる言葉.

evil　邪悪な（こと）；有害な（もの）

a choice between two evils　→ choice の項を参照.

Evil communications corrupt good manners.

悪いつきあいはよい習慣を台なしにする.

◆悪い環境や人間関係にさらされると感化されて悪くなる，という意味のことわざ. 出典は新約聖書の「コリントの信徒への手紙一」15 章33-34 節（1 Corinthians 15:33-34）にある次の言葉.

Be not deceived: evil communications corrupt good manners. / Awake to righteousness, and sin not; for some have not the knowledge of God: I speak this to your shame.

思い違いをしてはいけない. ／「悪いつきあいは，良い習慣を台なしにする」／のです. 正気になって身を正しなさい. 罪を犯してはならない. 神について何も知らない人がいるからです. わたしがこう言うのは，あなたがたを恥じ入らせるためです.

evil twin

邪悪なふたご.

◆①邪悪な方法を用いて同じようなことをしている人や組織をいう. ② IT 用語で，公衆 Wi-Fi スポットなどに偽の無線アクセスポイントを設置して，そこに接続した利用者の通信内容や個人情報を入手したりする方法のこと. ③悪いことをしたときのいいわけとして，It wasn't me. It was my evil twin.（それは僕じゃないよ. ふたごの悪いほうがやったんだ）などと使われる.

Fight evil with evil.

悪をもって悪と戦う，毒をもって毒を制す.

◆Fight fire with fire. (火をもって火と戦う) とほぼ同じ意味の常套句.

Sufficient unto the day is the evil thereof.

その日の苦労はその日だけで十分だ.

◆将来のことを思いわずらうな，今現在すでにわずらうことはいっぱいあるのだから，その日その日を生きていけばよい，という意味のことわざ. 倒置文で，現代語では The evil is sufficient to the day thereof. となるところ. 出典は新約聖書「マタイによる福音書」6章34節 (Matthew 6:34) に出てくる山上の説教 (Sermon on the Mount) にある次の言葉.

> Take therefore no thought for the morrow: for the morrow shall take thought for the things of itself. Sufficient unto the day *is* the evil thereof.
>
> だから，明日のことまで思い悩むな. 明日のことは明日自らが思い悩む. その日の苦労は，その日だけで十分である.

The only thing necessary for the triumph of evil is for good men to do nothing.

悪の勝利に必要な唯一のものは善人が何もしないことだ.

◆悪事が行われているときに傍観していてはいけない，という意味のことわざ. The only thing necessary for the triumph of evil is that good men do nothing. や Evil triumphs when good men do nothing. (善人が何もしないときに悪が勝利する) などともいう. first の項の First they came for the communists and I did not speak out because I was not a communist. を参照.

| **excuse** 許す；弁明する；弁解；口実

A bad excuse is better than none.

へたないいわけでも何もいいわけしないよりはまし.

◆いいわけすれば許してもらえる可能性があるからしたほうがよい，という意味のことわざ．

Please Excuse My Dear Aunt Sally.　→ please の項を参照．

expect　そうなるだろうと思う，予期する；期待する

Blessed is he who expects nothing, for he shall never be disappointed.

何も期待しない者は幸いだ．なぜなら，失望することがないから．

◆英国の詩人アレキサンダー・ポープ（Alexander Pope）の言葉から広まったことわざ．「マタイによる福音書」5章3節（Mathew 5:3）の Blessed are the poor in spirit: for theirs is the kingdom of heaven（心の貧しい人々は，幸いである．天の国はその人たちのものである）に始まるイエス・キリストの教えを「至福の教え」(Beatitudes) と呼ぶが，これはそのパロディー．

Expect the unexpected.

想定外のことも想定しておきなさい．

◆Always expect the unexpected. ということも多い．類似表現に Expect the worst and hope for the best. (最悪を予想し，最善を望む；うまくいけばいいと望むものの，最悪の場合になったときのことも考えて手を打つ) がある．

experience　経験（する）

Experience is the mother of wisdom.

〔経験は知恵の母〕経験にまさるものなし；亀の甲より年の功．

◆経験によって知恵がつく，または経験することで初めてわかる，という意味のことわざ．Experience is the father of wisdom. (経験は知恵の父) ともいう．

Experience is the teacher of fools.

経験は愚者の教師.

◆愚者は自分の経験からしか学ばない，という意味のことわざ.

Experience keeps a dear school.

〔経験は高価な学校をもっている〕経験は高くつく.

◆何ごとも身をもって学ばないとわからないようでは痛い目にあうだ
けだ，という意味のことわざ. 米国の政治家・著述家ベンジャミン・
フランクリン (Benjamin Franklin) の『プーア・リチャードの暦』
(*Poor Richard's Almanack*) に，Experience keeps a dear school,
but fools will learn in no other. (経験は高い学校をもっているが，愚
か者はそれ以外の場所では学ばない) として採録されている.

E

eye 目

A friend's eye is a good mirror. → mirror の項を参照.

a sight for sore eyes

〔疲れた目のための光景〕見るとうれしくなるもの.

◆久しぶりに会った人などについて使う常套句.

An eye for an eye makes the whole world blind.

目には目をだと世界中が盲目になってしまう.

◆「目には目を，歯に歯を」(an eye for an eye, a tooth for a tooth)
とばかりに被害者が加害者を同じ目にあわせてもよい結果は得られな
い，という意味のことわざ. インド独立運動の指導者マハトマ・ガン
ジー (Mahatma Gandhi) の言葉とされる.

Be careful or you'll put your eye out.

気をつけないと，目がつぶれちゃうよ.

◆空気銃などの危険な遊びをしようとしている子どもに対して，母親
がよくいう. put your eyes out は「目を傷つけて見えなくさせる」と
いう意味.

Close your eyes and think of England.

目を閉じてイングランドのことを考えなさい.

◆ もと英国で, 女性が義務として (つまり, 不本意ながらも夫の求め
に応じて)セックスをしなくてはいけないときに使われたアドバイス.
Shut your eyes and think of England. や Lie back and think of
England. (仰向けに寝てイングランドのことを考えなさい) ともいう.
ビクトリア朝時代 (Victorian Era), セックスについて何も知らずに
育った娘に対し, 母親が初夜の心構えとして与えた忠告からとされ
る. 一般に, 不愉快なことを耐えるときの比喩として使われる.

Don't cross your eyes. They'll stay that way.

寄り目なんかするんじゃないの. もとに戻らなくなっちゃうから.

◆ 子どもが寄り目をしたときに親などがこういって注意する.

Eyes front.

〔目を前に〕かしら, 中.

◆ 軍隊などの号令. 教師が生徒に「はい, ちゃんと前を見て」という
ときにも使う. 軍隊では行進する部隊に対して, Eyes right. (かしら
右) などと号令をかけて, 閲覧台のあるほうを向かせ, それを通りす
ぎると Eyes front. と正面を向かせる.

Four eyes see more than two.

よっつの目はふたつの目よりもよく見える.

◆ ものごとは, ひとりよりもふたりで見たほうがよく判断できる, と
いう意味のことわざで, Two heads are better than one. (ふたつの頭
はひとつの頭よりよい: 三人寄れば文殊の知恵) とほぼ同じ. なお,
four eyes は日本語の「よつめ」と同じで,「めがねをかけた人」の意
味がある.

face 顔；顔を向ける；直面する

Every man over forty is responsible for his face.
男なら40歳を過ぎたら自分の顔に責任がある.
◆若いころの顔は生得的なものだが，人生後半になると人柄が顔に表れる，という意味の常套句. 第16代米国大統領エイブラハム・リンカーン（Abraham Lincoln）政権の陸軍長官（Secretary of War）だったエドウィン・M・スタントン（Edwin M. Stanton）は顔で人物を判断することが多く，A man of fifty is responsible for his face!（50歳の男は顔に責任がある）といったと伝えられ，それが誤って見だし句の形で広まったようだ.

The face is the index of the mind.
顔は心の指標だ.
◆心の状態は顔の表情に表れる，という意味のことわざ.

You can't save your face and your ass at the same time.
〔顔とけつを同時に救うことはできない〕面子を失わずに苦境から抜けだすことはできない.
◆自分が陥っている泥沼から抜けだすには恥をさらけださなくてはいけない，という意味のことわざ. アルコール依存症の人などが立ち直るための第一歩として，まず自分のふがいなさを素直に認めることが必要だ，という場合に使われることが多い. save *one's* face と save *one's* ass はそれぞれ「面目を保つ」「窮地から抜けだす」という意味.

failure 失敗

Failure is the mother of success.

〔失敗は成功の母である〕失敗は成功のもと.

◆中国語のことわざ「失敗是成功之母」から. 同じ趣旨のことわざに Failure teaches success. (失敗は成功を教える), If you don't make mistakes, you don't make anything. (まちがわなければ何もつくれない), The road to success is paved with failure. (成功への道は失敗で舗装されている) がある.

What we've got here is failure to communicate. → communicate の項を参照.

famous 有名な

Everybody will be world famous for fifteen minutes.
誰でも 15 分間は世界的に有名になるだろう.

◆誰にも一生の間に一度は瞬間的に有名になる, あるいは得意の絶頂を経験する, という意味のことわざ. Everyone will be world famous for fifteen minutes. ともいう. 米国のポップ・アーチスト (pop artist), アンディ・ウォーホール (Andy Warhol) の言葉だが, 正確には In the future everybody will be world famous for fifteen minutes. (将来は誰もが 15 分間は世界的に有名になるだろう) だった. この派生表現に, fifteen minutes of fame (15 分間の名声; つかの間の名声) や famous for 15 minutes (15 分間有名; ちょっとの間だけ有名) などがある.

famous for being famous
有名だから有名.

◆これといった才能や特技, 実績があるわけでなく, 単にテレビによく出ているなどという理由だけで有名な人などについていう.

farm 農場

It went to live on a farm.

それは農場で暮らすことになった.

◆ペットの犬や猫などが死んだときに親が子どもにいううそ. It was given to a farm.(農場にもらわれた)などともいう.

You can bet the farm on someone [something].

〔あなたは…に農場を賭けられる〕…に賭けてまちがいない.

◆その人やものが成功する可能性が高いことを保証する表現. You can bet the farm that … と that 節を使うこともある. bet the farm は「農場を賭ける；全財産を賭ける」という意味.

fart　おなら（をする）

Girls don't fart.

女の子はおならをしない.

◆もちろん事実ではないのだが,よくこういわれる.おならについては,finger の項の Pull my finger. と smell の項の He who smelt it dealt it. を参照.

I wouldn't kick her [him] out of bed for farting.　→ bed の項
の I wouldn't kick her [him] out of bed. を参照.

fast　早い；かたい,しっかりした

Fast bind, fast find.

〔かたい結束は素早い発見〕きちんと保管しておけばすぐに見つかる.

◆シェークスピア(Shakespeare)の『ベニスの商人』第 2 幕第 5 場(*The Merchant of Venice*, Act 2, Scene 5)のシャイロック(Shylock)のせりふに由来することわざ.日本語訳は「締まりが堅ければ失うことなし」がよく使われる.

Faster, Higher, Stronger

より速く,より高く,より強く.

◆オリンピック (Olympic Games) のモットーで, ラテン語 *Citius, Altius, Fortius* (英語式発音は /sítius, ǽltius, fɔ́ːrtius/) の英語訳. このモットーは 2021 年の IOC 総会で, *Citius, Altius, Fortius—Communiter* (Faster, Higher, Stronger—Together より速く, より高く, より強く, ともに) になった. オリンピックのもうひとつのモットー「参加することに意義がある」は part の項の It's taking part that counts. を参照.

faster than a speeding bullet
高速の弾丸よりも早く.

◆米国テレビの『スーパーマン』(*Adventures of Superman*) の冒頭に流れるナレーションの言葉. Faster than a speeding bullet, more powerful than a locomotive, able to leap tall buildings in a single bound. (日本語吹き替え版は「弾丸よりも早く, 機関車よりも力は強く, ビルディングなどはひとっ跳び」) と続く.

feather 羽

Dot or feather?
〔点か羽か〕インド人かインディアンか.

◆相手が Indian といったとき, それは額に点の装飾 (ビンディー bindi) のあるインド人か, それとも羽でできた頭飾り (war bonnet) をかぶった先住アメリカ人のインディアンのことか, という意味の俗語表現. 侮蔑的表現とされることがある.

Fine feathers make fine birds.
〔立派な羽が立派な鳥をつくる〕馬子にも衣装.

◆Clothes make the man. (衣装が男をつくる) と同じ意味のことわざ.

feed 餌 (をやる)

Don't feed me that.

〔私にそれを食わせるな〕やめてよ，そんなの.

◆Don't give me that. とほぼ同じで，相手が見えすいたうそをいったときなどに返す言葉.

feed an army

軍隊に食べさせる.

◆大量の食事を用意すること，または大量の食事が用意されていることを表す比喩表現.

It's feeding time at the zoo.

動物園のえさやり時間だ.

◆一度に大勢の人が食事をする雑然とした状況を表す.

feel　感じる；感じ

F

(Do) you feel (me)?

私のいっていることがわかるかい.

◆Do you understand (me)? や Do you get it? などとほぼ同じ意味の口語表現. 自分が相手のいっていることを理解した，または同じ意見だというときは I feel you. (そうだね：わかるよ), I feel that. (そのとおりだね) などという.

Feel better (soon).　→ better の項を参照.

I know that feel.

その感じ，わかるよ.

◆相手の発言に同意するときの口語表現. feel は身体的な「感じ；感触」を意味し，心理的な「感じ：気持ち」は feeling というので，I know that feeling. となるところだが，ネットで I know that feel, bro. (その気持ちわかるよ，兄弟) という表現が拡散し，そこから一般に浸透した.

If it makes you feel any better, ...

もしそれが少しでもあなたの気分をよくするなら….

◆If it's any consolation to you, … とほぼ同じで,「気休めになるか どうかわからないけど」と相手を少しでも慰めようとするときに使う 表現. このあとに,自分も同じような経験をしている,と話すことが 多い.

You won't feel a thing.

何も感じないから；少しも痛くないから.

◆医者が患者に注射するときなどによくこういう.

| **female**　女性(の)；メス(の) |

female logic

女の論理.

◆女性特有の考え方をいう.

The female of the species is more deadly than the male.

もろもろの種のメスはオスよりも獰猛だ.

◆女性は恐ろしい,という意味のことわざ. 英国の作家・詩人キプリ ング (Rudyard Kipling) の詩「もろもろの種のメス」"The Female of the Species" が出典. その第1連は次のとおり.

> When the Himalayan peasant meets the he-bear in his pride, / He shouts to scare the monster, who will often turn aside. / But the she-bear thus accosted rends the peasant tooth and nail. / For the female of the species is more deadly than the male.

> ヒマラヤの小作人が壮齢のオスの熊に出会ったら／大声を上げて この怪物をおどかす,それで熊はたいてい逃げる.／ところがメ スの熊に大声を上げると,熊は歯と爪で小作人をずたずたに引き 裂いてしまう.／なぜなら,もともろの種のメスはオスよりも獰 猛だから.

fiddle　バイオリン（を弾く）

Fiddle dee dee, fiddle dee dee

フィドルディーディー，フィドルディーディー．

◆伝承童謡（nursery rhyme）の題名およびその出だしの言葉．この fiddle dee dee という句は「くだらない；ばかばかしい」という意味で用いられ，米国映画『風とともに去りぬ』（*Gone with the Wind*, 1939）のスカーレット・オハラ（Scarlett O'Hara）がよく口にする．伝承童謡の全体は次のとおり．

> Fiddle dee dee, fiddle dee dee, / The fly has married the bumblebee. / They went to the church, / And married was she. / The fly has married the bumblebee.

> フィドルディーディー，フィドルディーディー，／ハエがマルハナバチと結婚した．／ふたりは教会に行き，／彼女は結婚した．／ハエはマルハナバチと結婚した．

play someone like a fiddle

〔…をバイオリンのように操る〕…を意のままに操る．

◆play *someone* like a violin ともいう．

There's many a good tune played on an old fiddle.

〔古いバイオリンで演奏できるよい曲がたくさんある〕年期がはいっていても，まだ十分現役で通用する；年老いてますます盛ん．

◆人にも道具などについても使う．snow の項の There may be snow on the rooftop but there is fire in the furnace. を参照．

field　野原

Fields have eyes, and woods have ears.

野原に目あり，森に耳あり．

◆Walls have ears.（壁に耳あり）の屋外版で，周囲に誰もいないからといって油断はできない，という意味のことわざ．

leave it all on the field

〔すべてをフィールドに残す〕全力を尽くす，精一杯やる．

◆特にフィールドスポーツの試合で，選手がもてる力をすべてだし尽くすことをいう．

finger 指

finger in the dyke [dike]

堤防に突っ込んだ指．

◆事故や災害が大きくなる前に適切に対処することを表す比喩表現．オランダで堤防の穴から水が漏れているのを見つけた少年が腕を突っ込んで浸水を防いだとされる話から．この話は米国の作家メアリー・メイプス・ドッジ (Mary Mapes Dodge) 著『銀のスケート—ハンス・ブリンカーの物語』(*Hans Brinker, or The Silver Skates*, 1865) で「ハールレムの英雄」("The Hero of Haarlem") として語られている．

Fingers were made before forks.

指はフォークより先につくられた．

◆フォークなどを使わずに，手づかみで食べ物をとって食べるときの口実としていう．

Pull my finger.

指を引っ張って．

◆日本の「にぎりっぺ」に似たいたずら．自分の指をだして，Pull my finger. といい，相手がそうした瞬間におならをして，相手をびっくりさせて喜ぶ．ちなみに，「にぎりっぺ」は cup fart または cupped fart という．

fire 火；発砲（する）；銃撃（する）

A little fire is quickly trodden out.

ぼやのうちはすぐに消しとめられる．

◆問題は大きくなる前に解決したほうがよい，という意味のことわざ．シェークスピア (Shakespeare) の『ヘンリー6世 第3部』第4幕第8場 (*Henry VI, Part 3*, Act 4, Scene 8) の A little fire is quickly trodden out, / Which, being suffer'd, rivers cannot quench. (ぼやはすぐに消しとめられるが，／ほうっておくと川でも消せなくなる) が出典．

Don't fire until [till] you see the whites of their eyes.

彼らの目の白い部分が見えるまでは発砲するな．

◆アメリカの独立戦争 (American Revolutionary War) 時，ボストンのチャールズタウン (Charlestown) で行われたバンカーヒルの戦い (Battle of Bunker Hill, 1775) で，アメリカ側の指揮官が部下にくだした命令の言葉．敵の英国軍を十分に引きつけてから撃て，という意味．命じた指揮官が誰かはさまざまな説があって不明．一般に，「状況をよく見定めて対応しろ」という意味で引用される．

Fire is a good servant, but a bad master.

火はよい召使だが，悪い主人だ．

◆火は人間がコントロールして使っている分には有用だが，人間のコントロールが利かなくなると猛威を振るう，という意味のことわざ．同じパターンのことわざに Money is a good servant, but a bad master. がある (money の項を参照).

keep the home fires burning

〔家庭の火を燃やし続ける〕(家にいて) 暮らしを守る，銃後を守る．

◆特に家族や同胞などがよそに行っているときに，自分は家や国などにとどまり，平常の生活を続けることをいう．

Ready, aim, fire!

撃ち方構え，狙え，撃て．

◆軍隊などでの号令．

Remember ... Only YOU Can Prevent Forest Fires.

いいですか，あなただけが森林火災を防げるのです．

◆米国の森林局 (United States Forest Service) が使っていた森林火災予防のキャンペーンスローガン (1944-2001). 2001 年 4 月から, Only You Can Prevent Wildfires (あなただけが森林火災を防げる) に改訂された.

first 最初の (人；もの)；最初に

First catch your hare [rabbit].

最初にウサギをつかまえなさい.

◆そう先走らないで, まずは前提となる条件を満たすことを考えなさい, という意味のことわざ. ウサギを料理したいなら, まずはウサギをつかまえろ, ということから. hare と rabbit の違いについては, rabbit の項のコラムを参照.

First deserve, then desire. → deserve の項を参照.

First in war, first in peace, and first in the hearts of his countrymen.

戦争で第一の存在, 平和で第一の存在, そして同胞の心の中で第一の存在.

◆米国初代大統領のジョージ・ワシントン (George Washington) が死去したときに連邦議会で読み上げられた追悼演説 (eulogy) の言葉. みっつの first は, 彼が大陸軍 (Continental Army) の最高指揮官としてアメリカ独立戦争 (Revolutionary War) を戦い, 合衆国憲法を発布させて国の基礎を築き, さらに初代大統領として国民全体のことを考えた政策を行い, 自発的に 2 期で辞任したことで国民に尊敬されていたことを表している.

First one in, last one out.

最初にはいり, 最後に出る者.

◆誰よりも早く出社し, 誰よりも遅く退社するような人をいう.

First they came for the communists and I did not speak

out because I was not a communist.

最初，彼らは共産主義者を攻撃したが，私は共産主義者ではなかったので声を上げなかった.

◆ドイツの牧師マルティン・ニーメラー（Martin Niemöller）が第二次世界大戦後に語った言葉．これは散文詩として知られ，"First They Came"の題名がついているが，原稿のない複数の演説で語られているため，いくつものバージョンがある．英語訳も複数あるが，『ブリタニカ』（https://www.britannica.com/）があげているのは次のとおり.

> First they came for the communists and I did not speak out because I was not a communist. / Then they came for the trade unionists and I did not speak out because I was not a trade unionist. / Then they came for the Jews and I did not speak out because I was not a Jew. / Finally, they came for me and there was no one left to speak out.

> 最初，彼らは共産主義者を攻撃したが，私は共産主義者ではなかったので声を上げなかった．／次に彼らは労働組合員を攻撃したが，私は労働組合員ではなかったので声を上げなかった．／次に彼らはユダヤ人を攻撃したが，私はユダヤ人ではなかったので声を上げなかった．／最後に彼らは私を攻撃したが，私のために声を上げる者は誰ひとり残ってはいなかった.

fish 魚；魚釣りをする；漁をする

All is fish that comes to the net.

網にはいるものはすべて魚だ.

◆利用できるものは何でもうまく利用するのがよい，またはそうした才能がある，という意味で使う．文脈に応じて，the net の部分は his net, her net などになることもある.

Big fish eat little fish.

大きな魚が小さな魚を食う.

◆弱肉強食を意味することわざ.

Fish where the fish are.

魚のいるところで釣りなさい.

◆可能性のあるところを探しなさいという意味で, 特にマーケティングについて使われることが多い.

Never leave fish to find fish.

魚を見つけるために魚のもとを去るな.

◆釣りの格言で, そこに魚がいるのがわかっているならわざわざほかの場所を探しに行くな (空振りに終わるかもしれないから), という意味. 古代イスラエルの指導者モーセ (Moses) がいったという民間伝承がある.

Only dead fish go with the flow.

死んだ魚だけが流れに身を任せる.

◆「周囲にまどわされずに自分の考えをもて」, または「本当にやりたいことなどがあったら, ほかの人の意見などは気にせずに意志を貫け」という意味のことわざ.

So long, and thanks for all the fish.

さようなら, そして魚をいっぱいありがとう.

◆滑稽な別れのあいさつで, 廃業, 閉店, 辞職, 引退などの際によく使われる. 英国の SF 作家ダグラス・アダムズ (Douglas Adams) の小説『銀河ヒッチハイク・ガイド』(*The Hitchhiker's Guide to the Galaxy*) シリーズ第 4 作の書名 (邦題『さようなら, いままで魚をありがとう』) から.

take to something **like a fish takes to water**   → take の項を参照.

The fish stinks from the head (first).

魚は頭から腐る.

◆組織の問題は結局のところ上層部, 特に頂点に立つ人の責任に帰着

し，上に立つ人が悪いと全体が悪くなる，という意味のことわざ．A fish stinks from the head (first). / The [A] fish stinks from the head down. ともいう．

What's that got to do with the price of fish? → price の項を参照．

Flanders　フランドル，フランダース（ベルギー西部の地域）

In Flanders Fields
フランダースの野に．

◆ カナダ陸軍軍医ジョン・マクレイ（John McCrae）が第一次世界大戦（World War I）従軍中の 1915 年につくった戦争の詩の題名およびその出だしの言葉．戦死者が語る声として書かれているこの詩はカナダを含む英連邦諸国（the Commonwealth of Nations）や米国で広く知られ，カナダの戦没者追悼記念日（Remembrance Day）や米国の復員軍人の日（Veterans Day），戦没者追悼記念日（Memorial Day）などによく使われる．詩の第1連は次のとおりだが，第1行を In Flanders fields the poppies *grow* と誤って覚えている人が多い．

> In Flanders fields the poppies blow / Between the crosses, row on row, / That mark our place; and in the sky / The larks, still bravely singing, fly / Scarce heard amid the guns below.

> フランダースの野にはケシの花が風に揺れる／いくえにも並ぶ十字架の間を，／そこが私たちの居場所なのだ．／そして，空にはヒバリが飛ぶ，まだ勇ましく歌いながら／下の砲声の中にあってその声はほとんど聞こえない．

flush　トイレの水を流す（こと）

If it's yellow, let it mellow. If it's brown, flush it down.
黄色なら寝かせて．茶色なら流せ．

◆水不足時におけるトイレの使用法についての注意で, 小便なら流さ
ずに大便のときだけ流しなさい, という意味. 句の後半が省略される
こともある. 前半も後半も4拍からなり, yellow と mellow, brown
と down が韻を踏んでいて口調のよいものになっている.

fly　飛ぶ；ハエ；毛針；社会の窓

Maybees don't fly in June.
5月バチ［もしかしたら］は6月には飛ばない.
◆「優柔不断な態度をとっていないで決断しなさい」という意味で使
う. Maybees は May bees と maybes (maybe の複数形) をかけた
表現.

"Why did the fly fly?" "Because the spider spied 'er."
「ハエはなぜ飛んだのか」「クモに目をつけられたから」
◆よく知られたなぞなぞ (riddle). それぞれの文の主語と述部の fly
と fly, spider と spied 'er が同じ発音になっている ('er は her の
/h/ の音を落とした発音).

You must lose a fly to catch a trout.
マスを釣るためにはハエを失わなければならない.
◆「損して得とれ」,「エビで鯛を釣つれ」に近い意味のことわざ.

You're flying low.
〔あなたは低空飛行している〕社会の窓があいているよ.
◆社会の窓の意味の fly が low の状態にあるという意味をかけた表現
で, Your fly is open. (イギリス英語では Your flies are open.) や
Examine your zipper. に同じ (zipper の項を参照).

fool　ばか

A fool at forty is a fool forever.

40 歳でばかなのは永久にばかだ.

◆There's no fool like an old fool. (年寄りのばかほどばかな者はいない) とほぼ同じ意味のことわざ.

Children and fools tell the truth.   → truth の項を参照.

Don't be a fool, wrap your tool.

ばかにならないで, 道具を包め.

◆妊娠または性行為感染症 (sexually transmitted disease, STD) を予防するために, 「セックスの際はコンドームをしなさい」という意味の常套句. 全体が4拍で, fool と tool が韻を踏んでいる. 同じ意味で No glove, no love. (手袋なしでは愛もなし:コンドームなしではセックスなし) ともいう.

Fools seldom differ.

〔ばか同士はめったに意見が違わない〕考える [やる] ことはみな同じだね.

◆偶然に相手と同じようなことしたときなどに使う常套句. Great minds think alike, (but) fools seldom differ. (偉大な人は同じように考えるが, 愚か者はめったに意見が違わない) の後半部分で, この句全体としても, また前半の Great minds think alike. だけでも使う. Fools never differ. ということもある.

Lord, what fools these mortals be!

王さま, この人間たちはなんと愚かなのでしょう.

◆シェークスピア (Shakespeare) の『真夏の夜の夢』第3幕第2場 (*A Midsummer Night's Dream,* Act 3, Scene 2) に出てくる言葉. 森にやって来た人間を見て妖精 (fairy) のパック (Puck) が妖精の王にこういう.

Never argue with a fool.

ばかとは議論するな.

◆話のわからない相手といい争っても徒労に終わるだけだからやめておきなさい, という意味の常套句.

Nothing is foolproof to a sufficiently talented fool.

十分に才能のあるばかにとっては，ばかでも扱えるものなど無意味
だ．

◆マーフィーの法則（Murphy's law）として知られる滑稽な経験則の
ひとつ．誰にでも扱える，あるいは誰が扱っても安全だという商品に
ついて foolproof や idiot-proof という言葉が使われるが，常識の枠
をはみだしたばかには foolproof は通用しない，という意味．

Only fools and horses work.

ばかと馬だけが働く．

◆楽して金もうけをしたり，一攫千金を夢見たりするような人のモッ
トー．

foot　足；足もと

foot loose and fancy free

〔足が軽くて空想も自由〕自由気ままな身分．

◆独身で，特定の恋人もなく，自分の好きなように行動できる状態を
いう．ロッド・スチュワート（Rod Stewart）のアルバム（1977）の
タイトルにも使われている．

Pick up your feet.

足を上げなさい．

◆「足を引きずって歩くな」という意味で，親が子どもによくこう注
意する．Pick your feet up. ともいう．

Please wipe your feet.

靴の泥をこすり落としてください．

◆玄関や玄関マットなどの掲示で，Please wipe your feet before en-
tering. などと書いてあることもある．

Take a load off your feet.

〔足から（体重という）重荷をとり去りなさい〕座って楽にして．

◆腰掛けてすこし休みなさい，という意味の口語表現.

The only way to get on your feet is to get off your ass.

〔立ち上がる唯一の方法は尻を上げることだ〕行動を起こさなければ何も始まらない.

◆ぐだぐだいってないで何かしなさい，という場合に使うやや下品な表現. Get off your ass and get on your feet. などともいう.

When the bottom of your feet itch, you will soon walk on strange ground.

足の裏がかゆいと，近いうちに見知らぬ土地に行くことになる.

◆よくいわれる迷信 (superstition).

You put your right foot in.

右足を内側にだす.

◆キャンプソングの「ホーキーポーキー」("Hokey Pokey") の出だしの文句. よく知られている歌詞の1番は次のとおり.

> You put your right foot in, / You put your right foot out; / You put your right foot in, / And you shake it all about. / You do the Hokey Pokey and you turn yourself around. / That's what it's all about!
>
> 右足を内側にだして，／右足を外側にだす．／右足を内側にだして，／それをぶるぶる振る．／ホーキーポーキーをして，体をぐるっと回す．／ただそれだけのことだよ.

| freak 奇形

freak of nature

奇形；化け物，怪物；超人.

◆英和辞典には悪い意味しかのってないが，日本語の「化け物，怪物」と同じく，飛び抜けた才能のもち主というよい意味でも使い，大リーグのラーズ・ヌートバー選手 (Lars Taylor-Tatsuji Nootbaar) も大谷

翔平選手のことを He's a freak of nature. といっている.

free　自由な；ただの；自由に；ただで

If you love something, set it free.

何かを愛しているなら，それを自由にしなさい.

◆愛する対象は束縛せずに，自由にするのがよい，という意味のことわざ. If you love something, set it free. If it comes back, it's yours. If not, it never was. (何かを愛するなら，それを自由にしなさい. それが戻って来るなら，それはあなたのものだ. 戻って来ないなら，もともとあなたのものではなかったのだ) などと続く (いい回しにはさまざまなバリエーションがある). 人については If you love somebody [someone], set them free. (誰かを愛するなら，その人を自由にしなさい) という.

Olly olly oxen free! / Ally ally oxen free!

〔オリーオリー，雄牛が野放し〕もう出て来ていいよ.

◆かくれんぼ (hide-and-seek) や缶蹴り (kick the can) などの子どもの遊びで，鬼が降参する，タイムをとる，もうやめるなどの理由で，隠れている人たちに姿を見せるようにと伝えるときの発声.

You get nothing for free.

ただで手にはいるものはない.

◆何かを得るためにはそれなりの対価が必要だという意味で，There's no such thing as a free lunch. (ただのランチなどない) とほぼ同じ.

friend　友だち，友人

A boy's best friend is his mother.

少年の最良の友は母親だ.

◆古いことわざだが，ヒッチコック (Hitchcock) のサスペンス映画

『サイコ』(*Psycho*, 1960) で，主人公のノーマン・ベイツ (Norman Bates) がいうせりふとして有名.

A friend is easier lost than found.
〔友人は見つかるよりも簡単に失われる〕友は得がたく失いやすし.

◆ことわざ. A friend is not so soon gotten as lost. (友人は見つかるより早く失われる) ともいう.

A friend to all is a friend to none.
〔みんなの友は誰の友でもない〕八方美人は八方ふさがり.

◆You can't be everybody's friend. (みんなの友だちになることはできない) とほぼ同じ意味のことわざ. A friend to everybody is a friend to nobody. ともいう.

a friend with benefits
〔利得のある友人〕セックスフレンド.

◆恋愛関係にはないが，性的関係をもつ友人や知人のこと. 略語のFWB も使われる.

A friend's eye is a good mirror. → mirror の項を参照.

Before you make a friend, eat a bushel of salt with him.
友だちになるまえに，その人と一緒に大量の塩を食べよ.

◆一緒に苦労してみないと本当の友だちといえるかどうかわからない，という意味のことわざ.

If you want a friend, be a friend.
友だちがほしければ友だちになりなさい.

◆人に好意的に接すれば，自然と友だちができる，という意味の常套句.

If your friends jumped off a cliff, would you do it?
友だちが崖から飛び降りたら，おまえもそうするのかい.

◆「友だちはみんなそうしている」(All my friends are doing it.) と

子どもがいったときに，親（特に母親）が返す言葉．

Make new friends, but keep the old.

新しい友だちをつくりなさい．でも，古い友だちももっていなさい．

◆スカウトの歌 "Make New Friends" の出だしの言葉．この歌はガールスカウトの間では "Little Sally Walker" と並んでもっとも人気のあるものという（"Little Sally Walker" は日本の童謡「かごめかごめ」に似た遊び歌）．

You can pick your friends and you can pick your nose, but you can't pick your friend's nose.

友人を選ぶことはできるし，自分の鼻をほじることもできる．しかし，友人の鼻をほじることはできない．

◆ふたつの意味の pick を使ったユーモラスな常套句．友人を選ぶことも，鼻をほじることも自分の決断でできるが，友人の個人的なことは友人がするしかない，という意味．

You can pick your friends, but you can't pick your family.

友人は選べても，家族は選べない．

◆常套句．You can pick your nose, and you can pick your friends, but you can't pick your family.（鼻をほじることも友だちを選ぶこともできるが，家族を選ぶことはできない），You can't pick your family, but you can pick your nose.（家族は選べないが鼻はほじれる），You can pick your friends, but you can't pick your relatives.（友人は選べても，親戚は選べない）などともいう．

friendship　友情；交友関係

Friendship is a two-way street.

〔友情は双方向通行の通りだ〕友情は双方向でなければならない．

◆「友人はお互いに助け合うものだ」という意味の常套句．trust の項の Trust is a two-way street. を参照．

friendship with benefits

セックスフレンドの関係.

◆friend の項の a friend with benefits を参照.

I think this is the beginning of a beautiful friendship.

これはうるわしい友情の始まりだと思う.

◆ハンフリー・ボガート (Humphrey Bogart), イングリッド・バーグマン (Ingrid Bergman) 主演の米国映画『カサブランカ』(*Casablanca*, 1942) のラストシーンで, ボガート演じるリック (Rick) がフランス警察署長のルイ (Louis) にいう言葉. 正確なせりふは Louis, I think this is the beginning of a beautiful friendship. だが, 一般には Louis, this could be the beginning of a beautiful friendship. (ルイ, これはうるわしい友情の始まりになるかもしれないな) として広まっている.

| frog　カエル

a big frog in a small pond

〔小さな池の大きなカエル〕小山の大将.

◆小さな集団における有力者や人気者を意味する常套句で, a big fish in a small pond に同じ. この反対で, 大きな集団における小さな存在のことは a little frog in a big pond / a small frog in a large pond (大きな池の小さなカエル) という.

If a frog had wings, he wouldn't bump his ass [butt](every time he jumped [hopped]).

〔もしもカエルに翼があったなら, (跳ねるたびに) 尻をぶつけることはないだろう〕ままならないのが人生さ.

◆「タラレバの話をしてもしかたがない」あるいは「好きこのんでこうしているのではない」というときに使う常套句. If frogs had wings, they wouldn't bump their asses [butts] (every time they jumped [hopped]). と複数形を使うこともある.

Is a frog's ass watertight?

〔カエルの尻は耐水か〕当たり前だよ；聞くだけ野暮だよ.

◆Is the Pope Catholic? (法王はカトリックか), Does a bare shit in the woods? (熊は森でクソをするか) などと同じで，答えのわかりきった質問をするな，という場合に皮肉をこめて使う俗語表現.

the boiling frog

ゆでガエル.

◆カエルを熱湯にいれると飛びだすが，最初は水にいれて，それから徐々に熱していくと危険が高まっていくのがわからずに，ゆでられてしまうという意味. このような状態にあることを (the) boiling frog syndrome (ゆでガエル症候群) という.

You have to kiss a lot of frogs before you find a [your] prince.

〔王子さまを見つけるまで多くのカエルにキスしなくてはならない〕理想の男性に会うまでには何度も失敗しなくてはいけない.

◆『グリム童話』(*Grimm's Fairy Tales*) の「カエルの王子」("The Frog Prince") の話にちなむ常套句. 魔法によりカエルの姿にされた王子に王女がキスをすると，魔法が解けて王子が人間の姿に戻り，ふたりは結婚する. You have to kiss a lot of frogs to find a [your] prince. ともいう. また，frogs の代わりに toads を使うこともある.

---

frog と toad アマガエルなど，水辺に生息し，足が長くてよく飛びはねるのを frog と呼び，ヒキガエルなど，陸地に生息し，足が短く，イボがあり，ごそごそ動き回るのを toad と呼んでいるが，動物分類学上は同じ種類.

カエルの鳴き声 frog, toad が鳴くことは croak /króuk/, 鳴き声のケロケロまたはゲロゲロを表す擬声語は croak または ribbit /ríbit/.

関連語 オタマジャクシは tadpole /tǽdpòul/ または米語で polliwog /pɑ́liwɑ̀g/ という．子どもの遊びの「馬跳び」は leapfrog /líːpfrɑg/.

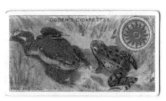

fun　楽しさ；面白さ

Are we having fun yet?

もう楽しんでいますか．

◆少しも楽しめない状況のときにいう皮肉．米国のコミック作家ビル・グリフィス（Bill Griffith）の作品『ジッピー』（*Zippy*）の主人公ジッピー・ザ・ピンヘッド（Zippy the Pinhead）のせりふから．

good clean fun

健全な娯楽．

◆老若男女すべてが楽しめるようなものをいう．

It was fun while it lasted.

それが続いている間は楽しかった．

◆「昔のことだけど楽しい思いをした」となつかしむように使う．

The fun is over.

お楽しみはおしまいだよ．

◆これからは仕事だよ，またはもう家に帰る時間だよ，という場合などに使う．The party is over. とほぼ同じ．

You must be fun at parties.

あなたはきっとパーティーではおもしろいのでしょうね．

◆相手がつまらないことをいったときにいう皮肉．

game ゲーム；遊び；試合

Don't hate the player, hate the game.

選手を憎むな，ゲームを憎め．

◆莫大な利益をあげながら，さまざまな手段を使って租税回避をしようとする巨大企業や大富豪などの姿勢が問題にされたようなとき，世の中がそういうシステムになっているのだから，そのプレイヤーに過ぎない個々の企業や個人を責めずに，そのようなシステムを責めなさい，という意味で使う常套句．Hate the game, not the player. ともいう．類似表現に Hate the sin, (and) love the sinner. がある（sin の項を参照）．

Lookers-on see most of the game.

〔見物人はゲームの大半を見る〕岡目八目．

◆第三者のほうが状況をよく判断できる，という意味のことわざ．

gentleman 紳士

A gentleman never asks and a lady never tells.

〔紳士は決して聞かないし，淑女は決して答えない〕まともな人はそういう質問はしないし，されても答えない．

◆男性に年齢をたずねられたりした女性が答えをはぐらかす意味で使う．前半と後半を逆にして A lady never tells and a gentleman never asks. ともいう．tell の項の A gentleman [lady] never tells. を参照．

You're a gentleman and a scholar.

〔君は紳士にして学者だ〕君は立派だね；本当に親切だね．

◆親切にしてくれた人に対して，感謝の意味をこめて軽い調子で使う

ことが多い．You're a scholar and a gentleman. ともいう．a gentleman and a scholar / a scholar and a gentleman は古くからある表現だが，感謝の言葉として使う現代の用法は米国の作家 J・D・サリンジャー (J. D. Salinger) の『ライ麦畑でつかまえて』(*The Catcher in the Rye*, 1951) に出てくる．主人公のホールデン・コールフィールド (Holden Caulfield) は寮の隣の部屋に住むアクリー (Ackley) のところに行って，外泊しているルームメイトのベッドに寝かせてくれと頼むが，アクリーに断わられる．そこでホールデンは皮肉をこめて，You're a real prince. You're a gentleman and a scholar, kid. (君は大したもんだね．本当に立派だよ) という．

get 得る；(ある状態に) する

Get it while it's hot!
冷めないうちに食べに来なさい．
◆Come and get it. と同じで，食事の用意ができたときにいう．転じて，「この機会をお見逃しなく」という意味でも使われる．

Get (out) while the getting is good.
〔得るのがよいうちに得なさい (出なさい)〕ほどほどのところでやめておけ．
◆状況が悪化する可能性があるときは，そうなる前に切り上げるのが得策だ，という意味の常套句．

Get over yourself.
〔自分を克服しなさい〕うぬぼれるな；いい気になるな．
◆Get over it. ともいう．

Get yourself something nice.
何かいいものを買いなさい．
◆子どもに小遣いを渡すときや，自分へのご褒美をしなさいという場合などに使う．Get a little something for yourself. や Buy yourself something nice. ともいう．

I don't know where he [she] gets it (from).

誰に似たのかしら.

◆子どもの性格などについていうことが多い.

Ex. "The boy's so stubborn. I don't know where he gets it." "He
gets it from you."

「あの子は本当に頑固なんだから. 誰に似たのかしら」「君に似
たんだよ」

I get that a lot.

よくそういわれます；よくそういう反応をされます.

◆I get that all the time. もほぼ同じ.「よくそういわれる」という意
味では I was told that a lot. / I'm told that a lot. ともいう.

Ex. "You're so sweet." "I get that a lot."

「あなたは本当に優しいのね」「よくそういわれます」

I'll get you, my pretty, and your little dog, too!

かわい子ちゃん, おまえとそのちっちゃな犬の命はないからね.

◆米国映画『オズの魔法使い』(*The Wizard of Oz*, 1939) で西の魔女
(Wicked Witch of the West) がいうせりふ. ここから,「おまえ本人
だけでなく, 家族なども巻き添えにしてやる」とおどす場合などに
and your little dog, too が使われる.

Now you're getting it.

〔あなたはその状況を理解しつつある〕やっと飲みこめてきたね；そういう
ことだよ；そうその調子.

Ex. "Are you saying I blew it?" "Now you're getting it."

「僕がへまをしたというのかい？」「そういうことね」

the one that got away

〔逃げた人〕のがした魚.

◆逃げられてしまった恋人や振られてしまった人のことをいう. 日本
語の「のがした魚は大きい」と同じように使われることが多い.

You get what you pay for.

〔人は払った額のものを得る〕安物買いの銭失い.

◆商品やサービスの質は値段と相関しているという意味.

You only get what you give.

人は与えたものを得るだけだ.

◆人に親切にすれば人から親切にしてもらえる，あるいは，努力すればそれなりの見返りがある，という意味の常套句.

---

girl 少女；女の子；女

Girls don't fart. → fart の項を参照.

Good girls go to heaven but bad girls go everywhere.

よい女の子は天国に行くが，悪い女の子はどこにでも行く.

◆米国の女優メイ・ウェスト（Mae West）の言葉とされる常套句. 米国の女性バンドのパンドラズ・ボックス（Pandora's Box）の歌 "Good Girls Go to Heaven (Bad Girls Go Everywhere)" の題名にも使われている（原曲は椎名恵の「悲しみは続かない」1986）. 類似表現に Good boys go to heaven, but bad boys bring heaven to you. がある（boy の項を参照）.

What are little girls made of?

小さな女の子はなんでできているのかな？

◆伝承童謡（nursery rhyme）の "What Are Little Boys Made Of?"（boy の項を参照）の第2連の出だしの文句で，次のように続く.

What are little girls made of? / Sugar and spice and all things nice. / That's what little girls are made of!

小さな女の子はなんでできているのかな？／砂糖とスパイス，そしてすてきなものすべて．／小さな女の子はそれでできているんだね.

You go, girl!

〔行け，少女〕いいぞ；頑張れ；よくやった．

◆女性に対する激励や賞賛の意味で使われる俗語表現．

give　与える；する；屈する

Don't give up giving up.

やめることをあきらめるな．

◆禁煙運動の標語で，禁煙を誓った人に対して，タバコをやめること (giving up smoking) をあきらめるな，と励ます表現．Never give up giving up. ともいう．

Give and you shall receive.

与えなさい．そうすれば受けとるだろう．

◆新約聖書を出典とすることわざ．「ルカによる福音書」6章38節 (Luke 6:38) の言葉は次のとおり．

Give, and it shall be given unto you ; good measure, pressed down, and shaken together, and running over, shall men give into your bosom. For with the same measure that ye mete withal it shall be measured to you again.

与えなさい．そうすれば，あなたがたにも与えられる．押し入れ，揺すり入れ，あふれるほどに量りをよくして，ふところに入れてもらえる．あなたがたは自分の量る秤で量り返されるからである．

Give as good as you get.

〔得るのと同等に与えろ〕やられたらやり返せ．

◆けんかや競争などで使われる常套句．「倍返しだ」は Give twice as good as you get. と表現できる．

Give till it hurts.

痛くなるまで与えなさい．

◆あり余るものを少しだけ与えるのではなく，痛みを感じるほどに与

えなさい，という意味の常套句.

It is more blessed to give than to receive.

受けるよりは与える方が幸いである.

◆新約聖書の「使徒言行録」20 章 35 節（Acts 20:35）にある言葉か
ら.

> I have shewed you all things, how that so labouring ye ought
> to support the weak, and to remember the words of the Lord
> Jesus, how he said, It is more blessed to give than to receive.

> あなたがたもこのように働いて弱い者を助けるように，また，主
> イエス御自身が『受けるよりは与える方が幸いである』と言われ
> た言葉を思い出すようにと，わたしはいつも身をもって示してき
> ました.

the gift that keeps on giving

与え続ける贈り物.

◆いつまでも楽しめるもの，またはくり返しよい結果をもたらすもの
などをいう.

You never give up.

〔あなたは決してあきらめない〕しつこい人ね；あきらめの悪い人だね.

◆You never give up, do you? と付加疑問にすることも多い.

---

go 行く；進行；ゴーサイン

Go long!

遠くまで行け.

◆特にアメフトで，「パスを投げるから，できるだけ遠くまで走れ」
という場合に使う.

I'll (have to) let you go.

〔私はあなたを行かせよう〕じゃあ，この辺で.

◆特に電話で，「長話をしていつまでも引きとめては悪いから，もう

この辺にしておこう」という場合に使う．I'll have to let you go. は
人を解雇する際にも使われる．

Let go and let God.
行かせて神にさせろ．

◆欲などを捨ててすべてを神にゆだねなさい，という意味．

No matter where you go, there you are. → you の項を参照．

To boldly go where no man has gone before
誰も行ったことがないところへ大胆に出かけるため．

◆米国のテレビ番組『スタートレック』シリーズ（*Star Trek*, 1966-
69）の冒頭に流れるナレーションの最後の文句．To boldly go のよ
うに前置詞 to と動詞（go）の間にほかの語（ここでは boldly）がは
いった不定詞を分離不定詞（split infinitive）というが，これは文法的
に不適切で，to go boldly … となるべきではないか，という議論が
放送開始当時に起こった．ただし，分離不定詞はそれ以前から使われ
ており，現在ではまったく問題にされない．また，「人間」の意味で
man を使っているのは性差別（sexism）ではないかともいわれ，
1987 年に放送開始された『スタートレック：ネクストジェネレーショ
ン』（*Star Trek: The Next Generation*）では where no one has gone
before になった．

When it's your time to go, it's your time to go. → time の項
を参照．

Whither thou goest, I will go.
わたしは，あなたの行かれる所に行きます．

◆旧約聖書の「ルツ記」1 章 16 節（Ruth 1:16）で，ルツが姑のナオ
ミ（Naomi）に語る言葉．聖書のこの箇所は次のとおり．

Intreat me not to leave thee, or to return from following after
thee: for whither thou goest, I will go; and where thou lodgest,
I will lodge: thy people shall be my people, and thy God my

God:

あなたを見捨て，あなたに背を向けて帰れなどと，そんなひどい
ことを強いないでください．／わたしは，あなたの行かれる所に
行き／お泊まりになる所に泊まります．／あなたの民はわたしの
民／あなたの神はわたしの神．

| god 神

God is (always) watching.

神さまが（いつも）見ている．

◆日本語の「お天道さまが見ている」と同じ趣旨の常套句．God is
(always) watching (over) you.（神さまは（いつも）あなたのことを見
ている）も使われる．

God willing and the creek don't rise.

〔神が望み，小川が増水しなければ〕万事順調なら，特に大問題が起こらな
い限り．

◆米語の俗語表現．The good Lord willing and the creek don't rise.
などともいう．

I am as God made me.

私は神さまがつくられたままの私です．

◆私の容姿や性格，能力などは神さまの創造の結果であり，私はそれ
を受けいれているという意味で，うだつの上がらない人がいいわけと
して使うこともある．

If God had meant us to fly, he'd have given us wings.

もし神さまが人間を飛べるようにしようと考えたなら，翼をつけてく
れただろう．

◆自然の摂理に逆らうようなことはするな，という意味のことわざ．
人間は飛べるようにできていないのだから，わざわざ飛行機なんかに
乗らなくていい，または好きこのんで飛行機に乗ったりしないという

G

場合にも使われる.

Take the goods the gods provide.

神さまが与える品物は受けなさい.

◆「幸運に恵まれたら，それをありがたくもらっておけ」という意味
のことわざ.

The mills of God grind slowly, yet they grind exceeding(ly) small.

〔神のひき臼はゆっくりひくが，非常にこまかくひく〕天網恢々疎にして漏ら
さず.

◆ ことわざ. 古代ギリシャの歴史家プルターク (Plutarch) の著作に
も同様の言葉がある.「天網恢々」は『老子』にある「天網恢恢疏而不
失」(天網恢々疎にして失わず) から.

The nearer the church, the farther from God.

教会に近ければ近いほど神から遠ざかる.

◆教会などの宗教組織の上層部へ行くほど腐敗しがちだ，という意味
のことわざ.

Thou shalt love the Lord thy God with thy whole heart, and with thy whole soul, and with thy whole mind.

心を尽くし，思いを尽くし，知力を尽くして，あなたの神である主を
愛せよ.

◆新約聖書の「マタイによる福音書」22 章 37 節 (Matthew 22:37) に
出てくるイエス・キリスト (Jesus Christ) の言葉. 律法学者がイエ
スを試そうとして，「律法の中でもっとも大切な戒めはどれですか」
と質問したときのイエスの答えがこれ.

good よい

All the good ones are taken [married].

いい人はみな相手がいる [結婚している].

◆魅力的な人に出会えたと思ったらすでに相手がいた，という場合に使う常套句．The good ones are always taken [married]. (いつだっていい人は相手がいる［結婚している］) / All the good men are taken [married]. (いい男はみな相手がいる［結婚している］) / All the good women are taken [married]. (いい女はみな相手がいる［結婚している］) などともいう．女性の場合，All the good ones are taken [married] or gay. (いい人はみな相手がいる［結婚している］か，ゲイだ) / The good ones are always taken [married] or gay. (いつだっていい人は相手がいる［結婚している］か，ゲイだ) と嘆くことも多い．

Good golly, Miss Molly!
おやまあ，なんと．

◆驚いたときの表現．golly は god（神）の婉曲語．米国のミュージシャン，リトル・リチャード（Little Richard）の同名の歌（1958）から広まった．

Good things are never easy.
よいことは決して簡単ではない．

◆Good things are never easy to get. (よいものは決して簡単には手にはいらない) という常套句もある．

If it feels good, do it!
気持ちのいいことならやりなさい．

◆1960年代のヒッピーのモットーで，快楽主義（hedonist）的な主張．

Take the good and leave the bad.
よいところをとり，悪いところはほうっておけ．

◆「人のよいところを見て，悪いところはとやかくいわないのがよい」または「よいところだけまねして，悪いところはまねしなければよい」という意味で使うことが多い．

The good that men do lives after them.
よい行いはその人の死後にも生き続ける．

◆ことわざ. シェークスピア (Shakespeare) の『ジュリアス・シーザー』第 3 幕第 2 場 (*Julius Caesar*, Act 3, Scene 2) には The evil that men do lives after them. (悪い行いはその人の死後にも生き続ける) という言葉がある.

The odds are good, but the goods are odd. → odds の項を参照.

There is nothing either good or bad, but thinking makes it so.

善や悪などはない. ただそう考えるからそう見えるだけだ.

◆ シェークスピア (Shakespeare) の『ハムレット』第 2 幕第 2 場 (*Hamlet*, Act 2, Scene 2) でハムレットがいうせりふ.

There's good in everyone [everybody].

誰にもいいところがある.

◆ものごとについては, There's good in everything. (どんなものにもよいところがある) という. また, There is good and bad in everything. (あらゆるものにはよい面と悪い面がある) も使われる.

You're only as good as your last game.

〔どんな人も最後の試合と同程度のよさでしかない〕勝負は水もの；毎試合が真剣勝負.

◆スポーツ界でよく使われる格言. スポーツ界 (あるいは実力勝負の世界や人気商売) においてはそれまでの成績や実績, 名声などは意味をなさず, 前の試合で調子がよかったとしても次もそうなるとは限らない (だから, つねに努力しないと落伍してしまう) という意味で使われることが多い. You're only as good as your last performance. (どんな人も最後のパフォーマンスと同程度のよさでしかない), You're only as good as your last shift. (どんな人も最後のシフトと同程度のよさでしかない) などともいう (shift はアイスホッケー選手の出番の時間のこと). また, A star is only as good as her last picture. (スターは最後の映画と同程度のよさでしかない) などの表現も使われる.

government 政治；政府

Every nation gets the government it deserves.

どの国民もみずからにふさわしい政府を得る.

◆18世紀のフランスの作家ジョゼフ・ド・メーストル（Joseph de Maistre）の言葉. Every nation has the government it deserves.（どの国民もみずからにふさわしい政府をもつ）や A government is only as good as its people.（政府はその国民と同程度でしかない）ともいう.

great 大きい；偉大な；素晴らしい

Little thieves are hanged, but great ones escape. → little の項を参照.

The greater includes the less.

〔より大きなものはより小さいものを含む〕大は小を兼ねる.

◆ことわざ.

the greatest happiness of the greatest number

最大多数の最大幸福.

◆功利主義（utilitarianism）を端的に表現した句として有名. 英国の哲学者・経済学者・法学者ジェレミー・ベンサム（Jeremy Bentham）の言葉とされるが，それ以前にアイルランド出身の哲学者フランシス・ハッチソン（Francis Hutcheson）が使っている.

To be great is to be misunderstood.

偉大であるということは誤解されることだ.

◆米国の思想家ラルフ・ウォルドー・エマソン（Ralph Waldo Emerson）の論文「自己信頼」（"Self-Reliance"）に出てくる言葉.

With great A comes great B.

大きな A は大きな B をともなう.

◆With great freedom comes great responsibility.（大きな自由は大き

な責任をともなう），With great success comes great sacrifice.（大き
な成功は大きな犠牲をともなう）などと使う．米国コミックの『スパイ
ダーマン』（*Spiderman*）で使われた With great power comes great
responsibility.（大いなる力は大いなる責任をともなう）から広まった定
型句（power の項を参照）．

▎ green　緑（の）；嫉妬している；だまされやすい（こと）

Do you see any green in my eye?

〔私の目に緑があるのを少しでも見えるのか〕誰がそんな手に乗るか；だまさ
れるもんか；そんなことはわかっているよ．

◆green には「青二才の，うぶな，だまされやすい」という意味があ
るが，私の目にそういった要素が見えるか，ということから．

I'm not as green as I am cabbage-looking.

〔私はキャベツみたいに見えても，それほど緑ではない〕こう見えても，それほ
どばかじゃない．

◆green のふたつの意味「未熟な；緑色の」をかけた滑稽な表現．

▎ ground　地面

I wish the ground would swallow me up.

〔地面が私を飲み込んでくれたらいいのに〕穴があったらはいりたい．

◆I want to curl up and die. とほぼ同じで，「恥ずかしさなどのため
に身を隠したい」というときの常套句．

You're grounded.

当面は外出禁止．

◆いいつけを守らなかったりした子どもに親が罰としてこういい渡す．

guilty 有罪の

as guilty as a sin
罪のように有罪で，まったく有罪で，真っ黒で．
◆常套比喩表現．

Guilty (as charged).
〔(告発されたとおりに) 有罪で〕そのとおり．
◆「この花瓶を割ったのはあなたじゃないの」などといわれたときの
返事として使うことが多い．法廷で，陪審員が有罪評決を答申すると
きの言葉から．デンゼル・ワシントン (Denzel Washington) 主演の
映画『イコライザー2』(*The Equalizer 2*, 2018) の冒頭，列車内で
"American?" と聞かれた主人公が "Guilty." と答える場面がある．

guy 男；やつ

I'm your guy.
〔私はあなたの人だ〕私にいってください；私に任せてください．
◆もしこの手の人物を探しているのなら「私が適任ですよ」というと
きに使う．I'm your man. と同じ．

That's my guy.
〔それは私の男だ〕いいぞ，よくやった，大したやつだ．
◆身近な男性に対する賞賛の言葉．子どもに対して使う That's my
boy [girl]. の男性版．

You should see the other guy!
〔ほかのやつを見るべきだ〕相手はこんなもんじゃすまなかったよ．
◆けんかでけがをしたとき，けんか相手にはもっとひどい目にあわせ
た，という意味で使う常套句．転んでけがをしたときなどに，おどけ
て使うこともある．仮定法過去完了形を使って，You should've seen
the other guy! (相手の姿を見るべきだったよ) ともいう．

hair 髪（の毛）；毛

A woman's hair is her crowning glory.

〔女性の髪は最高の栄光だ〕髪は女の命.

◆新約聖書の「コリントの信徒への手紙一」11章15節（1 Corinthians 11:15）が出典の常套句で，A woman's hair is her crown and glory. ともいう．聖書の該当箇所の記述は次のとおり.

> But if a woman have long hair, it is a glory to her: for *her* hair is given her for a covering.
>
> 女は長い髪が誉れとなることを，自然そのものがあなたがたに教えていないでしょうか．長い髪は，かぶり物の代わりに女に与えられているのです.

I'm washing my hair.

髪を洗っているところなの.

◆人が訪ねて来たときに応対したくない場合に使われる口実．おもに女性が用いる.

It'll put hair(s) on your chest.

〔それは胸毛を生えさせる〕男らしくなるよ；元気が出るよ；精がつくよ.

◆相手が強い酒を飲もうとしているときや，栄養満点の料理を食べようとしている場合におどけていうことが多い．息子が食べず嫌いをしていたり，何かの活動への参加をしぶっているようなときに，父親がこういって励ますこともある．That'll put hair(s) on your chest. ともいう.

Rapunzel, Rapunzel, let down your hair.

ラプンツェル，ラプンツェル，髪をおろしなさい.

◆『グリム童話』(*Grimm's Fairy Tales*)
の「ラプンツェル」("Rapunzel")で，塔
の上のほうに幽閉されたラプンツェルに
おばあさんがいうせりふ (Rapunzel の発
音は (/rəpʌnzəl/). ちなみに，Let your
hair down. は「羽を伸ばしなさい；自由
気ままに楽しみなさい」という意味があ
る．

haircut　散髪

Never ask a barber if you need a haircut.

〔理髪師に散髪が必要かと聞いてはいけない〕（聞けばそうしろというのに決
まっているから）聞くだけ無駄．

◆米国西部のカウボーイの間から広まったということわざ．

Shave and a Haircut

ひげ剃りと散髪．

◆テレビなどでよく聞く「タン・タ・タ・タン・タン，タン，タン」
という 7 拍の短い曲の題名．Shave and a haircut, two bits. という歌
詞がついている（two bits は 25 セントのこと）．

H

hand　手

an iron hand in a velvet glove

〔ビロードの手袋をした鉄の手〕見た目は穏やかそうだが根は冷酷または頑
強な人．

◆an iron fist in a velvet glove ともいう．

Are your hands broken?

手を骨折でもしているの？
◆相手が何か頼んできたとき，「自分の手が使えるのだから自分でや
りなさい」という意味でいう．

Hands in!
みんな手を重ねて．
◆スポーツ選手が試合前に集まって手をだして重ね，気合をいれると
きなどにいう．

Keep your hands at ten and two.
手は（時計の）10 時と 2 時の位置に置いておくんだよ．
◆車を運転するときは両手をハンドルのこの位置において，安全運転
しなさいという注意．アナログ時計の数字を使って位置を示す表現に
ついては six の項の Watch your six. を参照．

Keep your hands to yourself.
〔手は自分のところに置いておきなさい〕お行儀よくしていなさい．
◆「やたらと人のものや体にさわるな」という意味．授業中に生徒が
周囲にちょっかいをだしたりすると，先生がこういって注意する．

(My) hand to God.
〔手を神に〕神に誓って本当だ．
◆I swear to God. とほぼ同じで，自分の発言がうそいつわりでない
ことを確約する言葉．I raise my hand and swear to God.（手をあげ
て神に誓います）ということから．

Play the hand you're dealt.　→ play の項を参照．

The hand is quicker than the eye.
手は目よりも速い．
◆手の動きが速すぎて目がついていけないという意味で，手品につい
て使われることが多い．そうした手品師の早業は sleight of hand と
いう．

The left hand doesn't know what the right hand is doing.

〔左手は右手のしていることを知らない〕てんでんばらばら.

◆組織内の各部門が協調的に機能していない状況をいう. 新約聖書の
「マタイによる福音書」6章3節 (Matthew 6:3) にあるイエス・キリ
ストの言葉 Let not thy left hand know what thy right hand doeth.
(右の手のすることを左の手に知らせてはならない) から.

You can't shake hands with a clenched fist.

握り締めた手では握手はできない.

◆インドの政治家インデラ・ガンディー (Indira Gandhy) の言葉.
紛争を解決しようとするならお互いに歩み寄る姿勢が必要だ, という
意味.

| hang 吊るす；掛ける；絞首刑にする；ぶら下がる

hang someone **out to dry**

〔…を吊して乾かす〕…を見捨てる.

◆特に, 困難な状況にある人に助けの手をさしのべずに, そのまま放
置することをいう. おそらく, 洗濯物を外に干しっぱなしにしておく
イメージから.

H

We must indeed all hang together, or, most assuredly, we shall all hang separately.

われわれは確かにみな結束しなければならない. さもなければ, 必ず
やわれわれはみな別々に吊るされることになろう.

◆米国建国の父 (Founding Fathers) のひとりベンジャミン・フラン
クリン (Benjamin Franklin) の言葉. 独立宣言 (Declaration of In-
dependence) の署名に際して述べたとされる言葉で,「もしこの戦争
に負けたら署名者はみな反逆者として処刑されることになるので, 全
員が一致団結して戦争に勝たなければならない」という意味. hang
together と hang separately が対比的に使われている.

You might [may] as well be hanged for a sheep as for a lamb.

〔子羊を盗んで縛り首になるのも親羊を盗んで縛り首になるのも同じだ〕**毒を食らわば皿まで.**

◆悪事を働いて罰せられるのなら, でかくやったほうが得だ, という意味のことわざ. One might [may] as well be hanged for a sheep as for a lamb. などともいう.

happen 生じる, 起こる

What happens at home stays at home.

家庭で起こることは家庭にとどまる.

◆家族は家庭内の問題は口外しない, または部外者は人の家庭の問題に干渉しない, という意味の常套句. 家庭内暴力 (domestic violence) などが表沙汰にならない理由として, これがよく問題にされる.

What happens in Vegas stays in Vegas.

〔ラスベガスで起こることはラスベガスにとどまる〕**旅の恥はかき捨て.**

◆米国西部のネバダ州ラスベガス (別名 Sin City「罪の街」) のモットーから広まった常套句. 旅行中のお遊びなどはその場だけのことにして, 家に帰ってからは話題にしない, という意味で使われる. 特に, ツアーをするバンドや遠征に出るスポーツチームの場合は, What happens on tour stays on tour. / What happens on the road stays on the road. (旅行中に起こることは旅行中にとどまる) ともいう.

happiness 幸せ

Happiness is a journey, not a destination.

幸せは目的地ではなくて旅だ.

◆幸せはどこかに目標を設定してそこに到達したら得られるというものではなく, 日々の生活の中で経験すべきものである, という意味の

ことわざ．類似表現に Life is a journey, not a destination.（人生は目
的地ではなくて旅だ），Success is a journey, not a destination.（成功
は目的地ではなくて旅だ）などがある．

Happiness is a warm puppy.

幸せはあたたかい子犬だ．

◆米国の漫画家チャールズ・シュルツ（Charles Schultz）の『ピーナ
ツ』（*Peanuts*）に出てくる言葉．ルーシー（Lucy）がスヌーピー
（Snoopy）の頭をなで，抱きしめてこういう．

Happiness is contagious.

幸せは伝染する．

◆幸せそうな人を見ると自分も心がやわらぐように，幸せは人から人
に移るという意味．類似表現に Laughter [A smile] is contagious.
（笑い［笑顔］は伝染する），Yawning [A yawn] is contagious.（あくび
は伝染する）がある．

happy　幸せな；うれしい；喜んで

H

Call no man happy till [until] he dies.

どんな人についても死ぬまでは幸せだというな．

◆幸せな人生だったかどうかは死ぬまでわからない，という意味のこ
とわざ．Count no man till [until] he dies.（どんな人も死ぬまでは幸
せだと見なすな）などともいう．

Happy Henry Likes Beer But Could Not Obtain Food.

〔幸せなヘンリーはビールが好きだが，食べ物を得ることができなかった〕水兵
リーベ僕の船．

◆元素の周期表（periodic table）の順序を覚えるときの語呂合わせ文
（mnemonic）で，水素（H: hydrogen），ヘリウム（He: helium），リ
チウム（Li: lithium），ベリリウム（Be: beryllium），ホウ素（B: bo-
ron），炭素（C: carbon），チッ素（N: nitrogen），酸素（O: oxygen），

フッ素 (F: fluorine) の頭文字を単語に置き換えている．mnemonic の例は，ほかに四則計算の順序についての Please Excuse My Dear Aunt Sally. や (please の項を参照)，太陽系の惑星についての Men Very Easily Make Jugs Serve Useful Needs, Perhaps. などがある (man の項を参照)．

Happy is the bride that the sun shines on.

日に照らされた新婦は幸せだ．

◆結婚式に晴れるのはめでたい，という意味の常套句．

Is that a gun in your pocket, or are you just happy to see me?

それはあなたのポケットにある銃なの，それともただ私に会えてうれしいの？

◆相手の男性が勃起しているのがわかったときに使う滑稽な表現．gun の部分には banana, mouse なども使われる．

harm 害 (する)

No harm, no foul.

〔害してないので，ファウルとしない〕実害なしなので OK，結果オーライ．

◆厳密にはルール違反だが，それによって不都合が生じたわけではないので問題にしない，というときに使う．バスケットボールで，ルール違反の行為があっても試合の展開に影響がなければファウルをとらないという慣行から．

hat 帽子

all hat and no cattle

〔帽子ばかりで牛がいない〕口先ばかりで行動がともなわない．

◆米国南西部で使われる常套句で，意味は all mouth [talk] and no action に同じ．ファッションとしてカウボーイハットをかぶっているだけで，牧場をもっているわけではない，ということから．big hat, no cattle ともいう.

Here's your hat, what's your hurry?

〔あなたの帽子はここにありますが，何を急いでいるのですか〕もう帰るのかい.

◆相手が「帰る」といったときに，「こっちはもっと早くそうしてほしかったくらいだ」という意味で使う常套句.

Where do you hang your hat?

〔帽子はどこにかけますか〕どこにお住まいですか.

◆Where do you live? と同じ意味の表現.

head　頭

Uneasy lies the head that wears the crown.

王冠を抱く頭は安らかに横たわることがない.

◆頂点に立つ権力者はつねに不安につきまとわれる，という意味のことわざ. シェークスピア (Shakespeare) の『ヘンリー４世 第２部』第３幕第１場 (*King Henry IV, Part 2*, Act 3, Scene 1) の王のせりふから.

You'd forget your head if it wasn't screwed on.

おまえは自分の頭だってネジでとめてなかったら忘れるんだろうね.

◆よくものを置き忘れたりする人に対して使う. You'd forget your head if it wasn't attached (to your shoulders). (自分の頭だって (肩に) ついてなかったら忘れるんだろうね) などともいう. 自分が I'd lose my head if it wasn't attached [screwed on]. ということもある.

hear　聞く，耳にする

I hear and I forget; I see and I remember; I do and I understand.

聞くと忘れる. 見ると覚える. やると理解する.

◆実践して学ぶことの大切さを説いた常套句. 孔子 (Confucius) の『論語』(*Dialects of Confucius*) が出典とされることが多いが, 中国の故事成語「百聞不如一見」(百聞は一見にしかず) が出所のようだ. ほぼ同じ意味で, Tell me and I'll forget. Show me and I may remember. Involve me and I'll understand. ともいう (tell の項を参照).

There's none so deaf as those who will not hear.

聞く意思をもたない人ほど耳の聞こえない人はいない.

◆人の意見を聞こうとしない人には何をいっても無駄だ, という意味のことわざ. see の項の There's none so blind as those who will not see. を参照.

hit 打つ;たたく;殴る

can't hit the broad side of a barn

納屋の土手っ腹にも当てられない.

◆射撃や球技などで, ねらったところに弾 (球) がいかない, という意味の常套比喩表現. ノーコンの投手や得点できないバスケットボールチームまたはサッカーチームなどについてよく使われる.

Hit 'em where they ain't.

野手のいないところに打て.

◆打撃の神髄を教える野球の格言. 米大リーグの好打者ウィリアム・キーラー (William Keeler) の言葉 Keep your eye clear, and hit 'em where they ain't. (よく見て, 野手のいないところに打て) から. 'em は them の th が脱落した発音で balls を意味し, they は「野手」(fielders) を指している.

Hit it.

演奏してくれ;さあやって.

◆hit it は俗語で,「音楽を演奏する;ギャンブルをする;酒を飲む;車を運転する;セックスする」などの意味で使われる. なお, hit を

使った慣用表現には hit the sack（ベッドで寝る），hit the road（行く，出かける，去る），hit the shower（シャワーを浴びる）などがある．

Hit me.

それをよこして；それを聞かせて．

◆カードゲームで「もう1枚配ってくれ」という意味から派生した用法と思われる．「酒をくれ」などの意味でも使う．

| hole　穴

If you find yourself in a hole, stop digging.

〔穴の中にいるのがわかったら，掘るのをやめろ〕状況が悪いなら，それを悪化させるようなことはするな．

◆穴の法則（law of holes）として知られる格言の最初のもので，穴の第一法則（first law of holes）と呼ばれる．第二法則は When you stop digging, you're still in a hole.（掘るのをやめても，まだ穴の中にいる）で，状況を悪化させるのをやめても，悪い状況にいることには変わりがないことを意味する．

H

| home　家；家庭；故郷

It takes a heap of living to make a house a home.

家は長く住んでみないと我が家と感じられるようにはならない．

◆米国の詩人エドガー・A・ゲスト（Edgar A. Guest）の詩 "Home" の一節 It takes a heap o' livin' in a house t' make it home.（家の中にかなり住まないと我が家と感じられるようにはならない）から生まれたことわざ．

(I've) got to go home and get my beauty sleep.

うちに帰って美容のための睡眠をとらなくちゃ．

◆「もう遅いから帰る」というときの滑稽な表現．beauty sleep は肌荒れなどを起こさない十分な睡眠のことで，通例，夜中の12時まで

に寝ることをいう.

There's nobody home.

〔家に誰もいない〕頭がお留守だ, 抜けている.

◆「ばかだ」あるいは「ぼけっとしている」という意味の比喩表現.
The lights are on, but nobody's home. (電気はついているが, 家には
誰もいない) ともいう.

What happens at home stays at home.   → happen の項を参照.

honorable   高潔な; 立派な

Brutus is an honorable man.

ブルータスは高潔な男だ.

◆ シェークスピアの『ジュリアス・シーザー』第 3 幕第 2 場 (*Julius
Caesar*, Act 3, Scene 2) でマーク・アントニー (Mark Antony) が演
説の中でくり返す言葉. Friends, Romans, countrymen, lend me
your ears. (友よ, ローマ人よ, 同胞よ, 私の話を聞いてほしい) で始ま
るこの演説により, ローマ市民はシーザーを暗殺したブルータスたち
に反感を抱くようになる. この句は Brutus の代わりに別の名前を
使って広く引用される.

hope   希望; 望み; 望む

Hope is a good breakfast but a bad supper.

希望はよい朝食だが, 悪い夕食だ.

◆計画などの初期段階, または若いときに希望をもつのはよいが, 最
終段階または高齢になってもまだ希望をもたなければならいようでは
だめだ, という意味のことわざ.

I can always hope.

いつだって希望をもつことはできる; だめでもともとだ.

◆計画などがうまくいく見込みはなさそうだが，それでもあきらめずにわずかな望みに託す，という場合に使う．主語を一般人称にした One can always hope. (人はいつだって希望をもつことはできる) も使われる.

One can only hope.

〔人は望むことしかできない〕そうあってほしいものだ，そう願いたいね.
◆それについては自分ではどうすることもできないので，「ただそう望むだけだ」という場合に使う.

| house （建物としての）家；家屋；カジノ

My house, my rules.

私の家では私のルールでやる.
◆親が子どもに対してよくいうせりふ．When you have your own house, then you can make the rules. (自分の家をもったら好きなルールにすればいい) などともいう.

The house always wins.

カジノはつねに勝つ，勝つのはいつでも胴元だ.
◆ギャンブルでは主催者がつねに利益を得る，という意味のことわざ.

H

| how どのようにして

How now, brown cow?　→ cow の項を参照.

It's not how, but how many.

どのようにするかではなく，どれだけするかだ；習うより慣れろ.
◆特にゴルフでよくいわれる格言．パットやショットなどのやりかたにこだわらずに，自分に合ったものを徹底的にくり返して自分のものとすべきだという意味.

Well, this is a fine how-do-you-do.

〔まあ，これは立派な「初めまして」だ〕これはこれは.

◆少し驚いたり，がっかりしたときの常套句. Well, this is a fine how-do-you-do, isn't it? と付加疑問にすることもある.

hungry 飢えた；空腹の

A hungry man is an angry man.

〔空腹の男は怒る男〕腹が減ると怒りっぽくなる.

◆よく知られたことわざ. 空腹といかりには相関関係があるといわれ，空腹による hungry と angry を合成した hangry という語がつくられている. ちなみにこのように 2 語を合成した語を「混成語，かばん語」（portmanteau）という.

Stay hungry.

ハングリー精神を忘れるな.

◆現状に満足せず，つねにさらなる成功を目指せ，という意味の常套句. アップル創業者のスティーブン・ジョブズ（Steven Jobs）は Stay hungry. Stay foolish.（ハングリー精神を忘れるな. ばかでいろ）といった.

hunt 狩る，狩猟をする

Happy hunting.

狩猟を楽しんでね.

◆狩猟に行く人にかける言葉. 転じて，掘りだしものなどを見つけにいく人などに対しても使う.

The hunter becomes the hunted.

狩人が狩られる身になる.

◆ギリシャ神話のアクタイオン（Actaeon）の話にちなむことわざで，追うものが逆に追われる立場になる，という意味. 彼は狩猟をしていて，誤って女神アルテミス（Artemis）の水浴姿を見てしまい，激怒

したアルテミスによって鹿の姿に変えられ，自分の犬にかみ殺されて
しまった．類似表現に The abused become the abuser(s). がある
(abuse の項を参照)．

hurt　傷つける；不都合をもたらす

Hurt people hurt people.

傷つけられた人は人を傷つける．

◆最初の hurt は「傷つけられた」という意味の過去分詞，次の hurt
は「傷つける」という意味の他動詞で，全体の意味は The abused be-
comes the abuser(s). とほぼ同じ (abuse の項を参照)．

We always hurt the ones we love.

私たちはいつも愛する人を傷つけてしまう．

◆常套句．You always hurt the ones you love. ともいう．

husband　夫；亭主

A good husband makes a good wife.

よい夫がよい妻をつくる．

◆妻によくしてもらいたければ，夫が妻によくしなさい，という意味
のことわざ．wife の項の Happy wife, happy life. を参照．

It's always the husband.

いつだって亭主だ．

◆既婚女性が殺されたとき，犯人は亭主に決まっている，という意味
で使われる．

Like husband, like wife.

〔夫に似て，妻に似て〕この夫にしてこの妻あり，似たもの夫婦；割れ鍋
にとじ蓋．

◆ことわざ．lid の項の There's a lid for every pot. を参照．

impossible　不可能な；ありえない

The word impossible is not in my dictionary.

世の辞書に不可能の文字はない.

◆ナポレオン・ボナパルト (Napoleon Bonaparte) の言葉とされるが,
確かな典拠は不明.

infinity　無限

To infinity and beyond.

無限へ，さらにその向こうに.

◆米国のアニメ映画『トイ・ストーリー』(*Toy Story*) の主人公バズ・
ライトイヤー (Buzz Lightyear) のキャッチフレーズ. 日本語版の訳
は「無限の彼方へ，さあ行くぞ！」.

innocent　無罪の；無実の；無垢な

Don't play innocent (with me).

しらばっくれるんじゃない；ぶりっこしてもだめよ；かまととぶる
んじゃないよ.

◆「私は何も悪いことしていません」または「私は純情そのものなん
です」といった態度をとった相手に対して使う. 前者の意味では
Don't play dumb (with me). とほぼ同じ.

**It is better that ten guilty persons escape than that one in-
nocent suffer.**

無実の人ひとりが苦しむよりも，十人の有罪の人がのがれるほうが

よい.

◆英国の法学者ウィリアム・ブラックストン（William Blackstone）の言葉で，現代の刑事訴訟法の大原則になっている．仮定法現在が使われているため，後半部分は that one innocent suffers ではなく suffer と原形が使われている．日本語は「十人の真犯人をのがすともひとりの無辜を罰するなかれ」がよく使われる．

inside　内側（に），中（に）

It's what's inside that counts.

大事なのは中身だ.

◆人間は見た目ではないという意味で使うことが多いが，ものについて使われることもある．It's what's inside that matters. ともいう．It's what's underneath that counts. / It's what's underneath that matters.（肝心なのは下にあるものだ）もほぼ同じ意味．

I

J

Jack　ジャック（男の名前）

Jack and Jill

ジャックとジル.

◆日本語の「太郎と花子」に相当する英
語の代表的な男女の人名で，伝承童謡
（nursery rhyme）ほか，さまざまな作品
の題名に使われている．これを題名とす
る伝承童謡の第1連は次とのとおり．

> Jack and Jill went up the hill, / To
> fetch a pail of water; / Jack fell
> down, and broke his crown, / And
> Jill came tumbling after.

> ジャックとジルは丘にのぼった，／桶1杯の水を汲みに行くた
> めに．／ジャックは転んで脳天の骨を折った，／そしてジルはそ
> のあとを転がり落ちて来た．

Jew　ユダヤ人

two Jews, three opinions

ユダヤ人がふたりいればみっつの意見がある.

◆ユダヤ人の議論好きを表す常套句．ちなみに，Jew には軽蔑的な響
きがあるので，特定の個人については He is a Jew. ではなく，He is
Jewish. のように形容詞を使うほうがよいとされることがある．ただ
し，Jew でまったく問題ないというユダヤ人もいる．

| **job** 職, 仕事

Choose a job you love, and you will never have to work a day in your life.

自分の好きなことを仕事にしなさい．そうすれば生涯1日たりとも働く必要がないだろう．

◆広く知られた格言で，If you do what you love, you'll never work a day in your life. (自分が好きなことをするなら，生涯働くことはないだろう) などともいう．

It comes with the job.

〔それは仕事とともに来る〕それも仕事のうちだ；仕事柄しかたない．

◆ほぼ同じ意味で，It's part of the job. ともいう．

Looking for a job is a full-time job.

職探しはフルタイムの仕事だ．

◆職探しは片手間ではできない，という意味の常套句．

No job is too big or too small.

大きすぎる仕事も小さすぎる仕事もない．

◆どんな仕事も大事だという意味で，「仕事の大小にかかわらず引き受けます」という場合に使うことが多い．There is no job too big or too small. ともいう．「どんな小さな仕事でも引き受けます」は，No job is too small. / There is no job too small. という．これに関して，米国映画『ゴーストバスターズ』(*Ghostbusters*, 1984) におもしろい場面がある．ゴーストバスターズのひとりピーター・ベンクマン博士 (Dr. Peter Venkman) はレポーターに囲まれて，Twenty-four hours a day, seven days a week, no job is too big. No fee is too big! (1日24時間，週7日，仕事はどんなに大きくても引き受けます．謝礼はどんなに多くてもかまいません) という．

J

joke　ジョーク；冗談（をいう）

A rich man's joke is always funny.

金持ちのジョークはつねにおかしい.

◆金持ちがつまらない冗談をいっても，まわりの者はみな笑う，という意味のことわざ. 英国の詩人トマス・エドワード・ブラウン (Thomas Edward Brown) の詩 "The Doctor"（「医者」）の一節 Money is honey—my little sonny! And a rich man's joke is allis funny!（お金はハチミツだよ，幼い息子よ. そして金持ちのジョークはつねにおかしい）から（allis は always の発音つづり）.

There's a grain of truth in every joke.

どの冗談にもわずかの真実がある.

◆Many a true word is spoken in jest.（多くの本音が冗談でいわれる）と同じ意味のことわざ.

journey　旅，旅行

It's the journey not the destination.

重要なのは目的地ではなくてその道程だ.

◆人生は目標を立ててそれを達成することよりも，その過程で経験することにより大きな意味がある，という意味のことわざ. It's not the destination, but the journey that's important. ともいう. ほぼ同じ趣旨で，The journey is better than the destination.（旅は目的地にまさる），The journey is more important than the destination.（旅は目的地よりも重要だ）ともいう.

judge　判断（する）；裁く；裁判官；判定者

Don't judge a man until you have walked (a mile) in his boots [shoes].

その人の長靴［靴］をはいて（1マイル）歩いてみないうちに人を判断
するな.

◆その人がどんな経験をしているのかも知らないで安易に批判する
な，という意味のことわざ.

judge, jury, and executioner

裁判官，陪審，そして処刑人.

◆絶対的な権力をもち，自らの判断で処罰をくだす人や集団をいう.

Tell it to the judge.

それは裁判官にいいなさい.

◆警官が容疑者に対して使う常套句で，「そんないいわけが通用する
か」という含みがある.

justice　正義；司法；裁判

Justice delayed is justice denied.

遅れた裁判は否定された裁判だ.

◆法曹界の格言で，裁判手続きは迅速に行うべきだ，という意味.

Justice must not only be done, it must be seen to be done.

裁判は行われなければならないだけでなく，行われるのを見られなけ
ればならない.

◆公開裁判の原則を述べた言葉.

J

Justice will prevail.

正義は勝つ.

◆悪事を行った者はいつかは罰せられ，無実の者はそれが証明される
ことになる，という意味の常套句.

No justice, no peace.

正義なくして平和なし.

◆人種差別などに抗議する人たちのスローガン.

karma カルマ，業（ごう）

Karma is a bitch.

カルマにはまいる．

◆ 日頃の行いが悪い人がその報いを受けたような場合に，「これが因果応報ってやつか」と苦々しそうに使うことが多い．この bitch は「めす犬」が原義だが，転じて「嫌な女；困ったもの」という意味でよく使われる．karma を使った表現には，That's bad karma.（それはあとで報いを受けるよ；そんなことをするとろくなことにはならないよ），That's good karma.（それはあとでいい報いを受けるよ；あとで何かいいことがあるよ）などもある．

カルマとは カルマは「行為（act）」を意味するサンスクリット語に由来する．ヒンズー教（Hinduism）および仏教（Buddhism）には，自分のなした行為は善も悪もやがては自分に返ってくるという因果応報の思想があり，これをカルマの法則（law of karma）といい，西洋の神秘学（occultism）などにも受け継がれている．民間信仰などにも同じ考えが見られ，英語の常套句 What goes around comes around.（人にしたことは自分に返ってくる），You get what you deserve.（人は自分にふさわしいものを得る），That serves you right.（それは身からでたさびだ）などはカルマの法則を表しているといえる．

カルマの思想は現代の欧米社会にも広く浸透し，米国のテレビコメディー番組『マイ・ネーム・イズ・アール』（*My Name is Earl*, 2005-09）はこれがテーマになっている．

kick　ける（こと）；キック

Don't kick a man when he's down.

〔倒れている男をけるな〕弱っている相手にさらなる攻撃を加えるな.

◆Don't kick them when they're down. ともいい，精神的にまいっている相手をからかったりするな，という場合に使うことが多い.「武士の情け」と訳せる場合もある. 自分がそうされたとき，皮肉をこめて，Kick me when I'm down.（せいぜい痛めつけてくれ）ということもある.

I wouldn't kick her [him] out of bed. → bed の項を参照.

kick and scream

けって叫ぶ.

◆「大騒ぎする；じたばたする」という比喩的な意味で使うことが多い. おそらく，子どもが地団駄を踏む様子から.

　Ex. People will kick and scream about the law.

　　　人々はその法律について騒ぎ立てることだろう.

kill　殺す

kill one to warn a hundred

〔百人に警告するためにひとりを殺す〕一罰百戒.

◆慣用句.

Whatever doesn't kill you makes you stronger.

〔命をとらないものはなんでも人を強くする〕死ぬこと以外かすり傷.

◆試練や逆境によって人は強くなる，という意味の常套句. ドイツの哲学者フリードリッヒ・ニーチェ（Friedrich Nietzsche）の That which does not kill me, makes me stronger.（私を殺さないものは私を強くする）から.

K

... will kill you.

〔…はあなたを殺す〕…は寿命を縮める.

◆ Drinking will kill you.（酒は体によくない），Smoking will kill you.（タバコは体によくない）などと使う. sit の項の Sitting will kill you. を参照.

Would it kill you to do?

〔…することはあなたを殺すのか〕…くらいしたらどうだ，…してもいいだろう.

◆「…したって死ぬわけじゃないだろう」という意味で，相手がすべきことをしないときなどに皮肉をこめて使うことが多い.

Ex. Would it kill you to knock? ノックくらいしたらどうだ.

| **kindness 種類；親切（な行為）**

A little kindness goes a long way.

〔小さな親切は遠くへ行く〕情けは人のためならず.

◆ 人にちょっとした親切をすると，いつかはそれが何倍にもなって返ってくる，という意味の常套句.（A little）*something* goes a long way. は「（ちょっとした）…は大きな効果がある」という意味で，A little common sense goes a long way.（ちょっと常識を働かせるといろいろよいことがある）などと使われる.

I have always depended on the kindness of strangers.

私はいつも他人の親切に頼ってきました.

◆ 米国の劇作家テネシー・ウィリアムズ（Tennessee Williams）の戯曲（1947）およびその映画化作品（1951）の『欲望という名の電車』（*A Streetcar Named Desire*）で主人公のブランチ・デュボア（Blanche DuBois）が最後にいうせりふ. depend on the kindness of strangers（他人の親切に頼る）はさまざまな場面で広く引用される.

No act of kindness, no matter how small, is ever wasted.

親切は，どんなに小さなものであっても無駄になることはない.

◆『イソップ寓話』(*Aesop's Fables*) の「ライオンとネズミ」("The Lion and the Mouse") の教訓. ライオンに捕まったとき命ごいをして助けてもらったネズミが, あとでライオンがわなにかかったとき, そのわなの網を食い破って助けるという話. (A) kindness is never wasted. (親切は決して無駄にならない) ともいう.

king 王; 国王; 王さま

I'm the king of the world!

オレは世界の王さまだ.

◆大ヒットした米国映画『タイタニック』(*Titanic*, 1997) で, 主人公のジャックが船の舳先に立っていうせりふ.

Old King Cole was a merry old soul.

年寄りのコール王は陽気な老人だった.

◆伝承童謡 (nursery rhyme) "Old King Cole" の出だしの文句. 第1連は次のとおり.

Old King Cole was a merry old soul, / And a merry old soul was he; / He called for his pipe and he called for his bowl, / And he called for his fiddlers three.

年寄りのコール王は陽気な老人だった, ／本当に陽気な老人だった. ／彼はパイプをもってこさせ, お椀ももってこさせ, ／それから3人のバイオリン弾きを呼びつけた.

The king can do no wrong.

国王は過ちを犯しえない.

◆国王は無謬であり法を超越した存在であるという意味. 大きな権力を背景に横暴な振る舞いをしながら自分は正しいと居直っている人な

K

どについて，*Someone* can do no wrong. が使われる．

The king is dead, long live the king.

国王陛下が亡くなられました．国王陛下よ，長く生きたまえ．

◆英国で国王が死亡したときにアナウンスされる言葉．ひとりの国王
が死亡してもすぐに次の国王がその地位に就くことを表している．国
王ではなく女王の場合には queen が使われる．転じて，権力者が権
力を失って次の権力者が現れた場合にこの *Someone* is dead, long
live *someone*. のパターンが使われる．

The king reigns but does not rule.

王は君臨すれども統治せず．

◆英国の立憲君主制 (constitutional monarchy) を表す言葉．女王が
在位のときは The queen reigns but does not rule. といい，男女を区
別しない場合は The sovereign reigns, but does not rule. (君主は君臨
すれども統治せず) という．

Who died and made you (the) king?　→ die の項の Who died
and made you boss? を参照．

kingdom　王国

For want of a nail the kingdom was lost.

釘がひとつなかったために王国が滅びた．

◆些細なことから重大な結果が生じる，という意味のことわざ．昔の
戦争で，馬の蹄鉄に打つ釘が1本足りなかったばかりに馬がだめに
なり，馬がだめになったために馬に乗った戦士がだめになり，戦士が
だめになったために戦いに負け，戦いに負けたために王国が滅ぼされ
た，という長い話からきている．

know 知る；知っている；わかる

Don't know, don't care.

知らないし，興味もないね；そんなこと私の知ったことじゃない.

◆I don't know, (and) I don't care. の省略表現.

He who knows does not speak. He who speaks does not know.

知る者は語らず，語る者は知らず.

◆本当に知恵や英知のある人はそれを吹聴したりせず，知恵や英知のない人がやたら吹聴するものだ，という意味のことわざ. 古代中国の思想家である老子 (Lao-tzu) の言葉を英訳したもの. Those who know don't speak. Those who speak don't know. ともいう.

I know it when I see it.

それを見ればそれとわかる.

◆あることが善であるか悪であるか，定義によって決めにくいとき，実際にそれを見れば判断できる，という意味. 1964 年，猥褻について争われた米国のジャコベリス裁判 (Jacobellis v. Ohio) で，最高裁判事ポッター・スチュワート (Potter Stewart) がいった言葉として有名. 誰であろうと見ればわかるというときは，You know it when you see it. という. 類例に，I know harassment when I see it. (ハラスメントかどうかは見ればわかる)，I know a liar when I see one. (うそつきかどうかは見ればわかる) などがある.

I know you are, but what am I?

おまえがそうだとは知っているけど，僕は何かな.

◆悪口をいわれた子どもが，「それは自分のことだろう」という意味で返す言葉. man の項の So's your old man! と mother の項の Your mother! を参照.

Ex. "You're crazy." "I know you are, but what am I?"

「おまえはいかれている」「いかれているのはおまえのほうさ」

Knowing is half the battle.

知ることは戦いの半分だ.

◆状況をよく把握しないと始まらない, または知識として知っている
だけではだめで, 実際に身の安全をはかれるようにならなければいけ
ない, という意味の常套句. 1980年代の米国テレビアニメ『GI
ジョー』(*G.I. Joe: A Real American Hero*, 1983-86) の最後に流さ
れた公共広告 (public service announcements, PSA) から. そこでは
GI ジョーが子どもたちに安全について教え, 子どもたちが Now I
know! (そうか, わかった) というと, ジョーが And, knowing is half
the battle. という.

That's for me to know and you to find out.

〔それは私が知っていることで, あなたが見つけることだ〕答えを知っているけ
ど, 教えてあげないよ.

◆知りたければ自分で考えなさい [調べなさい], あるいはそのうち
にわかる, という場合に使う常套句.

Who wants to know?

〔誰が知りたがっているのか〕そういうあなたは誰ですか.

◆相手が質問してきたときに, いらだちをこめて使うことが多い.
Who's asking? とほぼ同じ.

You don't know her. She's from Canada.

君の知らない人だよ. カナダ人なんだ.

◆米国で,「おまえにはガールフレンドがいないだろう」とからかわ
れた男が「いや, いるよ」とうそをいうときの常套句. You don't
know her. She goes to a different high school. (君の知らない人だよ.
別の高校に通っているんだ) や Of course I have a girlfriend. But she
lives in Canada. (もちろん恋人はいるけさ. でも, カナダに住んでいる
んだ) などともいう. 映画『ブレックファスト・クラブ』(*The Break-
fast Club*, 1985) から広まったが, それ以前から使われていたようだ.

You never know a person until you live with them.

一緒に住んでみないと人はわからないものだ.

◆長い間つき合っていても寝食をともにしてみないとその人となりを本当に知ることできない，という意味のことわざ. You never know a man until you live with him. ともいう.

You'll be the first to know.

〔あなたが知る最初の人になる〕真っ先にあなたにお知らせします.

◆ほぼ同じ意味で，You'll know as soon as I know.（私が知り次第あなたも知ります）ともいう.

late　遅い；遅れた；遅く；遅れて

(It's) better to be late than be dead on time.

〔時間に間にあって死ぬよりも遅れるほうがよい〕遅れても安全を期するほうがいい.

◆be dead on time は「予定の時間ぴったりに着く」という意味と「時間に間に合って死んでいる」という意味をかけていて,「時間どおりに着こうと無理をして死ぬような目にあうよりも, 安全を期して遅れたほうがよい」という意味を表す.

You'd be late for your own funeral.

君は自分の葬式にも遅れるんだろうね.

◆いつも遅刻する人に対していう滑稽な常套句. You'll be late for your own funeral. ともいう.

lather　（せっけんなどの）泡；泡立つ；泡立てる

Lather. Rinse. Repeat.

泡を立てて, すすぎ, くり返しなさい.

◆シャンプーの容器に書かれている注意書き. 転じて,「同じことを複数回くり返す必要がある」または「毎度同じことのくり返しだ」という意味で使われる.

laugh　笑う

I'm not laughing at you. I'm laughing with you.

ばかにして笑っているんじゃないよ. おもしろくて笑っているん

だよ.
◆つい人を笑ってしまったときに，あざけるつもりではないという意味で使う.

Laugh all you want.

好きなだけ笑いなさいよ.
◆「どんなに笑われようと私は本気だ」または「これは本当だ」という場合などに使う. Laugh as much as you want. ともいう. 同じような意味で，Laugh if you must. (笑いたければ笑うがいい) も使う.

Laugh and grow fat.

〔笑って太れ〕笑う門には福来たる，笑いは百薬の長.
◆健康を維持するには明るく陽気でいるのがよい，という意味のことわざ.

One day you'll look back and laugh.

〔いつか振り返って笑うだろう〕いつか笑い話になるさ.
◆今はつらくともきっと乗り越えられるという意味で，相手を慰めるときに使う. 自分を含めて One day we'll look back and laugh. ともいう.

That's so funny I forgot to laugh.

あまりにもおもしろいので笑うのを忘れてしまったよ.
◆相手が寒いジョークをいったときにいう皮肉.

You laugh, you lose.

笑うと負け.
◆日本の「にらめっこ」に似た遊びで，おかしな声または音をだして，それで笑った人が負けになる.

L

| **law** 法律；法則

One law for the rich and another for the poor.

金持ち用の法律と貧乏人用の法律.

◆建前としては，No one is above the law.（誰も法を超越することは
ない：法はすべての人に対して平等に適用される）といわれるが，実際
には金のない庶民は容赦なく法律で罰せられるのに，裕福な者は法の
裁きを受けずにすむ，という意味のことわざ．There's one law for
the rich, and another for the poor. ともいう．little の項の Little
thieves are hanged, but great ones escape. を参照.

The law is an ass.

法律はばかげている；それはばかげた法律だ.

◆法体系または個々の法律が不条理だ，という意味の常套句．出典は
英国の作家チャールズ・ディケンズ（Charles Dickens）の『オリバー・
ツイスト』（*Oliver Twist*）にある次の言葉.

> 'If the law supposes that,' said Mr. Bumble, squeezing his hat
> emphatically in both hands, 'the law is a ass—a idiot.
> 「もし法律がそのように見なすなら」とバンブル氏は帽子を両手
> で強く押しつぶすようにしていった．「そんな法律はばかげてい
> る．まったくくだらない」（注：現代英語では a ass は an ass に，
> a idiot は an idiot となるところ）.

lawyer　法律家；弁護士

A man who is his own lawyer has a fool for a client.

〔自分自身の弁護士である男はばかな依頼人をもっている〕自分で自分の弁護を
するのはばかな依頼人だけだ.

◆米国では裁判において弁護士を依頼せず，自己弁護することも可能
だが，それは得策ではない，という意味のことわざ.

Let's kill all the lawyers.

法律家をみな殺しにしよう.

◆シェークスピア（Shakespeare）の『ヘンリー6世　第2部』第4幕
第2場（*Henry VI, Part 2*, Act 4, Scene 2）で，王に謀反を企てる

ジャック・ケイド（Jack Cade）の手下の肉屋ディック（Dick the Butcher）がいう The first thing we do, let's kill all the lawyers.（オレたちが最初にすること，法律家をみな殺しにしよう）の後半部分．社会をよくするには弁護士や法律家を抹殺してしまえという主張で，ジョークによく引用される．

leader 先導者；指導者

Leaders are born, not made.
指導者は生まれついてのもので，つくられるものではない．
◆よくいわれる言葉だが，経験が指導者をつくるという意味で Leaders are made, not born.（指導者はつくられるもので，生まれつきのものではない）ともいわれる．

Take me to your leader.
あなたの指導者のところに案内してください．
◆米国のマンガなどで，宇宙人が最初に会った地球人（または地球の動物）に対していう常套句．出典は 1953 年に米国の雑誌『ザ・ニューヨーカー』（*The New Yorker*）に掲載されたアレックス・グラハム（Alex Graham）のマンガとされる．同作ではふたりの宇宙人が馬に，Kindly take us to your President!（あなたの大統領のところに案内してください）という．

leaf 葉；（本・ノートなどの）1 葉, リーフ（表と裏の 2 ページ分）

Leaves of three, let it be.
3 枚の葉はそのままにしておきなさい．
◆アメリカ産のウルシ植物 poison ivy は 3 枚葉の植物で，触れるとひどくかぶれるので，それを見たら避けなさい，という戒めの常套句．秋には小さな白い実をつけるので，Leaves of three, let it be; berries white, run in fright.（3 枚の葉はそのままにしておきなさい；白

い実はほうほうの体で逃げなさい）などと
続けることも多い．また，Leaves of
three let it be; leaves of five, let it
thrive. (3枚の葉はそのままにしておきな
さい；5枚葉は育つにまかせなさい）とい
うこともある．この leaves of five は
バージニアヅタ（Virginia Creeper）と
いう無害のツタで，ときに poison ivy
とまちがわれることがある．なお，
leaves of three は全体をひとつととらえ
て it と受けることが多いが，複数とし
て them で受けることもある．

POISON IVY.

---

learn　学ぶ；知る

Learn for the sake of learning.

学びのために学びなさい．

◆よい成績をとるためなどでなく，学習そのものに意味があることを
知って学びなさい，という意味の常套句．

The more we learn, the less we know.

学べば学ぶほど知っていることが少なくなる．

◆たとえば，宇宙や人体の仕組みなどについて学ぶと，新しい疑問が
次々に出てきて，自分が知っていることよりも知らないことのほうが
多いと気づくことをいう．

When are you going to learn?

いつになったらわかるんだ．

◆懲りずに同じまちがいを何度もするような人に対していう．おしゃ
べりをやめない人に，When are you going to learn to shut up? （い
つになったら黙ることを学ぶのだ？）などということもある．自分が同
じまちがいをくり返したときなどは，When will I ever learn? （我な

がら情けなくなるよ）という.

You learn something new every day.

〔人は毎日何か新しいことを学ぶ〕毎日が勉強だね.

◆何か新しいことを知ったときにいう. Every day is a school day. もほぼ同じ（school の項を参照）.

| leave 去る；残す；ほうっておく；任せる

(Are you) leaving so soon?

もう帰るのですか.

◆「もっと長居してほしい」という場合と，「もっと早く帰ればいいものを」という意味で皮肉をこめていう場合がある.

Leave it at that.

そういうことにしておきなさい.

◆それについてはそれ以上話すことはない，という場合に使う.「そういうことにしておこうよ」なら Let's leave it at that. となる.

  Ex. We've already set the price at $5.00. Let's leave it at that.

    値段は 5 ドルで決まったじゃないですか. それでいきましょうよ.

Leave it be.

それはそのままにしておきなさい.

◆そのものや話題には触れるな，という意味で，Leave it alone. とほぼ同じ.

This doesn't leave this room.

これはここだけの話だよ.

◆It's just between you and me.（これは私たちだけの話だ）とほぼ同じだが，室内で内緒話をする際に使う. This doesn't go beyond [outside] this room. ともいう.

L

lemon　レモン

When life gives you lemons, make lemonade.

人生がレモンをくれたならレモネードをつくりなさい.

◆恵まれない境遇を嘆くより, 前向きな態度で状況を改善する方法を考えなさい, という意味のことわざ. When God gives you lemons, make lemonade. や When you get lemons, make lemonade. などともいう.

lid　蓋

There's a lid for every pot.

〔どの鍋にも蓋がある〕割れ鍋にとじ蓋.

◆「誰にでもふさわしい結婚相手はいるものだ」という意味で, いい回しも意味・用法も日本語のことわざとよく似ている. Every Jack has his Jill. ともいう.

lie　うそ（をつく）；横になる

A lie is halfway around the world before the truth has got its boots on.

うそは真実が靴を履く前に世界を半周している.

◆偽情報はすぐに広まるが, ただしい情報はなかなか伝わらない, という意味のことわざ. 英国の政治家ウィンストン・チャーチル (Winston Churchill) や米国の作家マーク・トウェイン (Mark Twain) の言葉とされることが多いが, それ以前から使われていたようだ.

Lie back and think of England.　→ eye の項の Close your eyes and think of England. を参照.

There are lies, damn(ed) lies, and statistics.

うそ, ひどいうそ, そして統計がある.

◆統計はもっともたちの悪い偽情報だ，という意味のことわざ．米国の作家マーク・トウェイン（Mark Twain）が自伝の中で英国の政治家ベンジャミン・ディズレイリ（Benjamin Disraeli）の言葉として紹介している．

life　生命；命；生活；人生；世の中；一生（の間）

(A) nice life if you can get it.
〔それを得られるのならいい人生だ〕うらやましい生活ね．

◆この you は一般人称で，「誰でもそういう人生を得られるのならすばらしいだろう」という意味．類似表現に，Nice work if you can get it. （そんな仕事をしているなんてうらやましいね）がある．

do anything for a quiet life
〔静かな生活のためならなんでもする〕ことなかれ主義だ．

◆もめごとを避けるために，相手のいいなりになることをいう．

(Has) life got you down?
心配ごとでもあるのかい．

◆元気なさそうな人にかける言葉．

I only regret that I have but one life to lose for my country.
私は国のために落とす命がひとつしかないことを悔やむばかりだ．

◆1776 年，アメリカ植民地の愛国者（patriot）ネイサン・ヘイル（Nathan Hale）がイギリス軍によって絞首刑にされるときにいったと伝えられる言葉．

Life is a gamble.
人生は賭けだ．

◆人生に絶対はなく，常にリスクを背負った決断をするものだという意味．

Life is full of disappointments.

人生は失望ばかり.

◆常套句.

Life is full of peaks and valleys.

人生は山と谷ばかりだ；禍福はあざなえる縄のごとし.

◆ことわざ. Life has peaks and valleys. (人生は山あり谷あり) ともいう.

Life is short, and time is swift.

人生は短く, 時はすばやい.

◆ことわざ.

Life isn't all sunshine and rainbows.

人生は日光と虹ばかりではない.

◆人生は楽しいことばかりではない, という意味のことわざ. Life isn't all rainbows and unicorns. (人生は虹とユニコーンばかりではない) ともいう. 同じ趣旨のイギリスのことわざに Life is not all beer and skittles. (人生はビールとスキットルズばかりではない) がある. skittles はボウリングの前身で ninepins (九柱戯) ともいい, 昔のイギリスのパブでよく行われていた遊び.

the circle of life

生命の循環.

◆生物はそれぞれの種の個体が誕生, 成長, 死をくり返し, 種としては他の種を捕食することで存続するが, それをひとつの円還過程としてとらえた表現. 生物学では「生活環」と訳される. アニメおよびミュージカルの『ライオンキング』(*Lion King*) の歌の題名にも使われている.

There's no guarantee in life.

人生に保証はない.

◆職や地位, 人間関係などすべてのことについて, この世には安心確実なものはない, という意味の常套句.

Welcome to my life.

〔私の人生にようこそ〕私なんかいつもそうよ.

◆相手が身の不運をなげいたときにいう. Welcome to the club. や Join the club. とほぼ同じ.

What's going on in your life?

あなたの人生に何が起こっているのですか.

◆「最近, どうしていますか」といった感じで使う表現.

You have a whole life ahead of you.

あなたにはすばらしい人生が待っているのよ；あなたの人生はまだこれからよ.

◆あなたはまだ若いのだから, 無謀なことや早まったことはするな, というときなどに使う.

You only get [have] one life.

人生は1度きり.

◆しばしば You only get [have] one life, so ... の形で, 何かを思い切ってするように勧めるときに用いる.

Your life flashes before your eyes.

自分の人生が目の前に展開する.

◆人は死に際して, 自分の人生を走馬燈のようにして見るという意味. 臨死体験 (near-death experience) をした人は, My life flashed before my eyes. と語ることが多い.

like 好きだ；...のような；...のように

I'm like you.

私も同じです；同感です.

◆相手と同じ (気持ち) だという場合に用いる.

Ex. "I eat too much at night." "I'm like you. I have to eat something or I can't get to sleep."

「私，夜に食べ過ぎちゃうのよ」「私も．何か食べないと眠れないのよね」

Like ...

…していない；…ではない．

◆反語としてよく使われる口語表現．Like I didn't know.（私が知らないとでも思っているの；そんなこともちろん知っているわよ），Like it matters.（それは重要ではない；どうでもいいんだけどね）のように，Like のあとに文を続け，「私がそのように見えるか（いや見えないだろう）」または「あなたはまるでそのようにいっているが，そんなことはない」などの意味を表す．

    Ex. 1. "What are they talking about?" "Like I listen."

        「あの人たち，何を話しているの」「知るもんですか．聞いちゃいないもの」

    Ex. 2. "I'm sorry." "Like you mean it."

        「ごめんなさい」「本当は悪いとは思ってないくせに」

Nobody likes me.

私は誰にも好かれていない．

◆友だちのいない子どもを歌った歌の題名，およびその出だしの文句．歌詞はいくつかのバージョンがあるが，米国政府機関の National Institute of Environmental Health Sciences（国立環境健康科学機関）が運営するインターネット NIEHS Kids' Pages が載せているものの第1番は次のとおり．

    Nobody likes me, everybody hates me, / Guess I'll go eat worms, / Long, thin, slimy ones; Short, fat, juicy ones, / Itsy, bitsy, fuzzy wuzzy worms.

    私は誰からも好かれていない，みんな私を嫌っている，／虫を食べに行こうか，／長くて細くて，ねばねばしたやつを，／短くて太って汁気の多いやつを，／すごくちっちゃな，けばけばもじゃもじゃの虫を．

lion　ライオン

The lion shall lie down with the lamb.

ライオンは子羊と一緒に横たわるだろう.

◆力のあるものが弱いものをかばう理想的な社会のありかたをいう.
特にキリストが再臨し，平和な時代が 1000 年続くとされる至福千年
(the millennium) の状態を表す. 出典は旧約聖書 (Old Testament)
の「イザヤ書」11 章 6 節 (Isaiah 11:6) と思われるが，聖書の記述は
次のとおりで，少し表現が異なる.

The wolf also shall dwell
with the lamb, and the leop-
ard shall lie down with the
kid; and the calf and the
young lion and the fatling
together; and a little child
shall lead them.

狼は小羊と共に宿り／豹は子山羊と共に伏す. 子牛は若獅子と共
に育ち／小さい子供がそれらを導く.

little　小さい；少し（の）

A little (bit) goes a long way.

〔少しは長い距離を行く〕少量で十分な効果がある.

◆A little kindness goes a long way. のようにも使う（kindness の項
を参照）.

A little bit of this, a little bit of that.

〔これを少し，あれを少し〕あれやこれやいろいろとね.

◆What have you been doing?（これまでどうしていたの）などと聞か
れたときに返す言葉.

A little wouldn't hurt.

少しくらいなら問題ないだろう.

◆ダイエットしている人が「少しくらいならいいか」といって甘いものに手をだすようなときに使う.

Every little (bit) counts.

〔ちょっとしたものすべてが大事だ〕ちりも積もれば山となる.

◆Every little (bit) helps. もほぼ同じ. Every little helps. は英国のチェーンストアのテスコ (Tesco) のスローガンに採用されている. ちなみに, 同社のスローガンには You shop, we drop. (あなたは買い物をし, 私たちは落とす；お買い物は配達します) もある.

It's the little things.

ちょっとしたことが大事だ.

◆人をうれしくさせたり, 人間関係をうまく運ばせるのはほんのちょっとしたことだ, というような場合に使う. It's the little things in life. ともいう.

Little thieves are hanged, but great ones escape.

小さな泥棒は縛り首になるが, 大きな泥棒は逃げおおせる.

◆小さな犯罪をおかすと厳罰に処せられるが, 大犯罪をおかす者 (権力者など) は処罰されない, という意味のことわざ. law の項の One law for the rich and another for the poor. を参照.

│ live　生きる；生活する

Can't live with them, can't live without them.

彼ら [それら] と一緒には生きられず, 彼ら [それら] なしでも生きられない.

◆You can't live with them, you can't live without them. の省略表現で, 愛憎あいなかばする対象についての滑稽な常套句.

　Ex. Men—can't live with them, can't live without them.

　　　男と一緒には生きられないが, 男なしでも生きられない.

How can you live with yourself?

あなたはどうやって自分と生きていけるのか.

◆「よくもまあ恥ずかしげもなく生きていられるね」といった感じで使うことが多い.

I'll live.

〔私は生きるだろう〕死にはしないさ.

◆怪我をしたときなどに心配する相手に対して「命に別状はない」と安心させる表現. 相手または第三者についていう場合は You'll live. / He'll live. / She'll live. などになる.

Live fast, die young.

〔はやく生きて若くして死ぬ〕太く短く生きる.

◆米国の俳優ジェームズ・ディーン (James Dean) の伝記のタイトルにも使われている. 米国の作家ウィラード・モトリー (Willard Motley) の小説およびその映画化作品『暗黒への転落』(*Knock on Any Door*, 1949) の主人公のモットー Live fast, die young, and have a good-looking corpse. (はやく生きて, 若くして死に, かっこいい死体になる) がよく引用される.

Live for the day.

今日のために生きろ.

◆意味は Seize the day. (この日をとらえろ) と同じで, 今日のこの日を大切にして生きなさい, という意味. Live for today, for tomorrow never comes. (今日を生きろ. あしたは永久に来ないから) ともいう.

Live free or die.

自由に生きるか死ぬか.

◆米国東部のニューハンプシャー州 (New Hampshire) の公式モットー.

You can't live in the past.

過去に生きることはできない.

L

◆いつまでも昔のことにこだわっていてもしかたない，という場合に用いる．

You haven't lived until ...

〔…までは生きていたとことにならない〕…をせずに死ねるか．

◆生まれてきたからにはぜひこれをしなさい，という場合に使う．いい回しとしては「日光を見るまで結構というな」に近い．

Ex. You haven't lived until you play this game.

  このゲームをしないで死ねるか．

You've got a lot of living to do.

あなたはまだいっぱい生きなければならない．

◆文字どおりに「長生きしなければいけない」という場合と，「あなたは何もわかってないから，もっと長く生きていろいろ経験しなさい」という場合がある．

| | **look**　見る；見える；見ること；見掛け；容姿 |

Could you look the other way?

〔反対方向を見てくれませんか〕あっち向いてくれませんか；見逃してくれませんか．

◆文字どおりに「こっちを見ないで」という場合と，交通違反などを「お目こぼししてくれませんか」という場合がある．

(It) looks like that way.

そのようですね．

◆It's looking that way. と進行形を使うこともある．(It) seems that way. ともいう．

That's one way of looking at it.

そういう見かたもできるね；それもひとつの見かたね．

◆That's one way to look at it. ともいう．

What's with the look?

なんだい，その顔は.

◆不満そうな表情をしている人などに使う.

You're looking at him [her].

〔あなたはその人を見ている〕私がそれです.

◆「こういう名前の人は知りませんか」などと聞かれたとき，「それは私だ」という意味で使う.

---

lose　失う；負ける；迷わせる

Now you lost me.

〔今あなたは私を失った〕そこがわからないな；どういうことだい.

◆相手の話の筋道がわからなくなって，わかるように説明してもらいたいときに使う. You've lost me. や You're losing me. ともいう. I'm lost. (どういうことかわからないな) も同じように使われる.

What's to lose?

失うものが何かあるか (いや何もないじゃないか).

◆意味としては You've got nothing to lose. (あなたには何も失うものがない) とほぼ同じで，「だめもとでやればいいじゃないか」と行動を勧める場合に使う.

You can't lose something you never had.

もっていなかったものを失うことはできない.

◆もともと自分がもっていなかったものについて腹を立てたり，心配したりしても意味がない，という意味の常套句. 類似表現に You can't miss something you never had. がある (miss の項を参照).

You have to lose yourself to find yourself.

自分を発見するためには自分を見失わなければならない.

◆本当の自分は何者なのかを知るためには今の自分を捨てる必要がある，という意味の常套句.

L

lot 多数, 多量

a lot of things to a lot of people

多くの人にとって多くのもの.

◆人やものは, 多種多様な人にとってさまざまな役割をする存在だ, という意味.

I'm a lot of things.

私にはいろんな側面がある.

◆私がどういう人間かと聞かれたなら, いろいろな答えかたができる, という意味. I'm a lot of things, but I'm not a liar. / I'm a lot of things, but a liar isn't one of them. (私についていろいろいうことができるが, うそつきではない) などと使う. I may be a lot of things (but …) (私にはいろんな側面があるかもしれないが (…)) ということも多い.

love 愛; 恋; 恋人; 愛する; 大好きだ

All the world loves a lover.

恋している人は世界中の人に愛される.

◆恋している人は誰からも好意的に見られる, という意味のことわざ.

All things grow with love.

すべてのものは愛で成長する.

◆常套句.

Do what you love and the rest will follow.

心から好きなことをしなさい. ほかのものはあとからついてくる.

◆アドバイスとしてよくいわれる. Do what you love, and money will follow. (心から好きなことをしなさい. そうすればお金はあとからついてくる) ともいう.

Do what you love and you'll never have to work a day in your life.

心から好きなことをすれば，生涯1日も働かないですむだろう．

◆Choose a job you love, and you will never have to work a day in your life. と同じ意味の常套句（job の項を参照）．If you do what you love, you'll never work a day in your life.（心から好きなことをするなら，生涯1日も働くことはないだろう）などともいう．

He [She] loves me, he [she] loves me not.

彼［彼女］は私を愛してる，愛してない．

◆特にヒナギク（daisy）の花びら（petals）で恋占いをするときの言葉．思いを寄せる人のことを考えて，花びらをひとつひとつ抜きながら He [She] loves me, he [she] loves me not, he [she] loves me, he [she] loves me not, … といい，最後に残った花びらでどちらかを占う．

I love you, but that doesn't mean I have to like you.

あなたを愛しているが，だからといって好きにならなければいけないというものではない．

◆たとえば，兄弟などは家族として愛しているが，性格などは好きになれないことがあるし，それでよい，という意味．

I love you no matter what.

何があっても私はあなたを愛している．

◆母親が子どもによくいうせりふ．I will always love you, no matter what. や No matter what, I'll always love you. ともいう．

If you love something, set it free.   → free の項を参照．

Love can cure all.

愛はすべてを治すことができる．

◆愛があればどんな問題も克服できる，という意味のことわざ．Love conquers all. とほぼ同じ．

L

Love is in the air.

愛があたりに漂っている.

◆特にバレンタイン・デー (Valentine's Day) の時期によくいわれる.

Love it or leave it.

それを愛するか,さもなければ出て行け.

◆政府に批判的な意見を封じる偏狭な愛国主義者がよくいう言葉.ベトナム戦争時,米国では America, love it or leave it. (アメリカを愛してないなら出て行け) というスローガンが使われた.

love it or loathe it

好むと好まざるとにかかわらず,好き嫌いはともかく.

◆副詞句として使うことが多い.

Love knows no age.

〔愛は年齢を知らない〕愛があれば歳の差なんて.

◆常套句.

Love them and leave them.

〔彼らを愛して去る〕相手をとっかえひっかえする.

◆軽い気持ちで恋をして,あきたらその人を捨ててほかの人とまた恋をする,という遊び人の態度を表す.Love 'em and leave 'em. とつづることも多い.

the love that dare not speak its name

その名をあえて口にしない愛;日陰者の愛.

◆禁忌とされる同性愛を表す言葉.アイルランドの詩人・作家のオスカー・ワイルド (Oscar Wilde) の愛人アルフレッド・ダグラス (Alfred Douglas) の詩 "Two Loves" (「ふたつの愛」) の最終行 I am the love that dare not speak its name (私はあえてその名を口にしない愛だ) から.一般に「その名前を堂々と主張できないもの」を意味するときに *something* that dare not speak its name が使われる.

True love never grows old.

真の愛は決して古くならない.

◆本物の愛は相手に飽きたりしない，という意味のことわざ.

When poverty comes in (at) the door, love flies out (of) the window.

貧困がドアからはいると，愛が窓から飛びたつ.

◆いくら愛情があって結婚しても，生活に困る状況になると愛情も弱まる，という意味のことわざ. marry の項の Don't marry for money. を参照.

luck 運命；運；幸運；つき

Good luck with that.

〔それについて幸運を祈る〕せいぜい頑張ってね.

◆「それは非常に困難だから，まず達成は無理だろう」と皮肉をこめて使うことが多い.

Luck is for losers.

運は負け組のためのものだ.

◆ゲームやスポーツの世界で使われる格言で，本当の実力者は運など当てにしない，という意味.

You make your own luck.

自分の運は自分でつくる.

◆普段からしっかり準備をしたものに幸運がころがりこむ，という意味の常套句.

You're in luck.

あなたは運がいい.

◆相手が「困ったことになった」といったとき，「それなら私がなんとかしてあげられるよ」という場合によく使う.

Your luck's in.

L

ツキが回ってきたようだね.

◆相手に何かいいことがありぞうだ，という場合に使う口語表現.

lucky　幸運な；縁起のよい

It is better to be lucky than good.

実力があるよりも運に恵まれるほうがよい.

◆実力があっても成功するとはかぎらないが，運がよければ成功でき
る，という意味のことわざ. It is better to be born lucky than rich.
（裕福に生まれるよりも運に恵まれて生まれるほうがよい）ともいう.

Third time lucky.

3度目の正直だ；3度目の正直になるといいわね.

◆主にイギリス英語で，The third time is lucky. ともいう. アメリカ
英語では The third time is the [a] charm. という.

Today is your lucky day.

あなたはきょうついている.

◆luck の項の You're in luck. とほぼ同じ.

Yet today I consider myself the luckiest man on the face of the earth.

それでもきょう，私は地球上でもっとも幸運な男だと思っています.

◆筋萎縮性側索硬化症（ALS）で試合に出られなくなった米大リーグ
選手のルー・ゲーリッグ（Lou Gehrig）が 1939 年 7 月 4 日，ニュー
ヨーク市のヤンキーススタジアムで行われたルー・ゲーリッグ感謝
デー（Lou Gehrig Appreciation Day）でいった言葉. 彼のスピーチ
は次のように始まる.

> For the past two weeks you have been reading about a bad
> break. Yet today I consider myself the luckiest man on the face
> of the earth.

> ここ 2 週間というもの，みなさんは（私の）不運についてお読み

になってきたことでしょう．それでも，きょう，私は自分をこの
世でもっとも幸せな男だと思っています．（注：出典により表現
に微妙な違いがある）

L

magician 魔術師，奇術師，マジシャン

A magician never reveals his secrets.

マジシャンが秘密を明かすことはない.

◆「そのマジックはどうやるの」などと聞かれたときにマジシャンが返す常套句. A magician never reveals his tricks. (マジシャンがトリックを明かすことはない) ともいう. 転じて，「どうやったのかについては教えない」という意味で一般に使われる.

mama ママ；お母ちゃん

(Do) you kiss your mama with that mouth? → mouth の項の (Do) you eat with that mouth? を参照.

Mama needs (new) shoes. → shoe の項の Daddy needs (new) shoes. を参照.

(My) mama didn't raise no dummy. → dummy の項を参照.

mama's baby, papa's maybe

ママの赤ちゃん，パパはかもね.

◆赤ん坊の生みの母親は自明だが，父親が誰かはそうではない，という意味の常套句. child の項の It is a wise child that knows its own father. を参照.

man 男；人間

All the good men are taken [married]. → good の項の All the good ones are taken [married]. を参照.

Are you a man or a mouse?

君は男か，それともネズミか.

◆「そんな弱気でどうする」と相手を励ますときに使う. mouse は as timid as a mouse（ネズミのように臆病）という表現があるように，臆病な動物というイメージがある.

Be your own man.

〔自分自身の男になれ〕自立した人になれ.

◆他人の意見などは気にせず，独立独歩の精神をもった人になれ，という意味で，男性に対して使う（女性に対しては Be your own woman.）. Be your own person. ともいう.

man crush Monday

月曜日の一押し男.

◆ツイッター（現在は X）などのソーシャルメディアで，投稿者が紹介する魅力的な男性（おもに自分の恋人や有名人など）. crush は「熱を上げること，ほれこむこと；その相手」という意味の名詞で，Monday に特に意味はなく，man と頭韻（alliteration）を踏むために採用されたもの. MCM と略す. woman の項の woman crush Wednesday を参照.

Men Very Easily Make Jugs Serve Useful Needs, Perhaps.

〔男たちはとても簡単にジョッキを有用な欲求につかわせる，おそらく〕水金地火木土海冥.

◆太陽系の9惑星の名前を覚えるための語呂合わせ文（mnemonic）のひとつ. Men, Very, Easily, Make, Jugs, Serve, Useful, Needs, Perhaps がそれぞれ Mercury（水星），Venus（金星），Earth（地球），Mars（火星），Jupiter（木星），Saturn（土星），Uranus（天王星），Neptune（海王星），Pluto（冥王星）を表す. My Very Easy Method Just Speeds Up Naming Planets.（私のとても簡単な方法は惑星の名をあげるのをただスピードアップさせる）や My Very Eager Mother Just

Served Us Nine Pizzas（私のとても熱心な母は私たちに9枚のピザを
だしたところだ）などの文もある．2006年に冥王星が準惑星（dwarf
planet）に降格されたので，現在は文末の Perhaps を削除した文や，
My Very Eager Mother Just Served Us Nachos [Noodles].（私のとて
も熱心な母は私たちにナチョス［麺類］をだしたところだ）/ My Very
Educated Mother Just Served Us Nachos [Noodles].（私のとても教
育のある母は私たちにナチョス［麺類］をだしたところだ）などが提案さ
れている．ほかの mnemonic については happy の項の Happy Henry
Likes Beer But Could Not Obtain Food. を参照．

So many men so little time.

男はいっぱいいるのに，時間はあまりにも少ない．

◆米国女優のメイ・ウェスト（Mae West）の言葉とされるが，出典
は不明．So many ... so little time. のパターンは So many things to
do so little time.（やることはいっぱいあるのに，時間はあまりにも少な
い）など，さまざまに使われる．

So's your old man!

〔おまえの父ちゃんもそうだ〕そっちこそ．

◆So's は So is の短縮形で，悪口をいわれた子どもが返す言葉．
know の項の I know you are, but what am I? と mother の項の
Your mother! を参照．

　　Ex. "You're a liar." "So's your old man!"
　　　　「おまえはうそつきだ」「そっちこそ」

That's my man.

〔それは私の男だ〕そうこなくちゃ．

◆相手がやっと自分の頼みごとを承諾したときなどにいう．

The difference between men and boys is the size of their toys.

男と少年の違いはおもちゃの大きさだ．

◆いくつになっても男は遊びをやめられない，という意味の常套句．

You can tell the men from the boys by the price of their toys. (男と少年の見わけかたはおもちゃの値段の違いだ) ともいう.

There once was a man from Nantucket.

昔ナンタケットから来た男がいた.

◆ 英語にはリメリック (limerick) と呼ばれる滑稽な内容の五行詩があるが, これはその有名なものの出だしの文句. さまざまなバージョンがあるが, 次に示す巨根男のものがよく知られている (これにもさまざまなバージョンがある). ナンタケットは米国東海岸のマサチューセッツ州 (Massachusetts) のコッド岬 (Cape Cod) 沖合にある島だが, 韻を踏ませるのに好都合なために採用されたらしい.

> There once was a man from Nantucket, / with a dick so long he could suck it. / He said, with a grin, / as he wiped off his chin, / "If my ear were a cunt I could fuck it."
>
> 昔ナンタケットから来た男がいた, ／その一物は長くて自分でしゃぶることができた. ／男はにやついていった, ／あごをぬぐいながら, ／「オレの耳が女陰なら一発やれるんだがな」

You the man!

〔君こそ男だ〕さすがだね, お見事.

◆ You're the man! の be 動詞を省略した形. くだけた発音で You da man! ともいう.

You're my man.

〔君は私の男だ〕君は頼りになるね；さすがだね.

◆ 男性に対して感謝してほめるときに使うくだけた表現で, You're my buddy. などとほぼ同じ.

marriage 結婚

It's a marriage made in heaven.

それは天国でつくられた結婚だ.

◆It's a match made in heaven. と同じで，相性ぴったりのカップル
や，絶妙の組み合わせをいう．

Marriage takes work.

結婚は努力を要する．

◆常套句．なお，結婚をうまく維持するための秘訣としては Com-
munication is the key.（意思疎通が重要だ）とよくいわれる．

save it for marriage

結婚のためにそれをとっておく．

◆結婚まで純潔を守ることをいう．

marry 結婚する

All the good ones are married. → good の項の All the good
ones are taken [married]. を参照．

Don't marry for money.

お金のために結婚するな．

◆お金目当てでは幸せになれないという意味で，Never marry for
money. ともいう．Don't [Never] marry for money—you can bor-
row it cheaper.（お金のために結婚するな．お金ならもっと安く借りら
れる）ということもある．逆に，愛だけではうまくいかないことも多
いことから，Don't [Never] marry for love.（愛のために結婚するな）
もよく使われる（love の項の When poverty comes in (at) the door,
love flies out (of) the window. を参照）．

Just married.

新婚ほやほや．

◆新婚のカップルが教会から車で新婚旅行に出かけるときに，こう書
かれたサインボードを車につける．

M

| **me**　私に；私を |

Enough about me.

私のことはもういいから.

◆自分について長話をしてしまったようなときに使う. Enough about me. Tell me about yourself. (僕のことはもういいから, あなたのことを聞かせて) などと続けることが多い. 自分のことばかり話している相手には, Enough about you. という.

It's not you. It's me.

あなたではなくて, 私です.

◆カップルに別れ話が出たとき, 相手に問題があるのではなく, 自分のほうに問題がある, という意味で使うことが多い.

That would be me.

それは私だと思います.

◆「このコップを割ったのは誰だ」などと聞かれたときに, 「すみません. それは私です」という感じで使う.

| **mean**　意味 (する)；本気でいう；意地の悪い |

If it's meant to be, it's meant to be.

そういう定めならそうなる.

◆男女関係などについて, うまくいく運命にあるならうまくいく, という意味. If it's meant to be, it will be [happen]. などともいう. その逆は, If it's not meant to be, it's not meant to be. (うまくいかない定めならうまくいかない) という. What's meant to be is meant to be. (定められているものは定められている) もほぼ同じ.

It means a lot to me.

〔それは私にとって多くを意味する〕恐れいります；たいへん助かります.

◆相手の親切な行為やほめ言葉などに感謝するときの表現. It means

a world to me. ともいう.

Treat them mean, keep them keen.

〔意地悪く扱い, 関心をもたせろ〕気を引くためには冷たくしろ.

◆恋の駆け引きについての常套句で, 女性の攻略法としてこういわれることが多い. pick の項の He picks on you because he likes you. を参照.

| meat 食肉；肉 |

after meat, mustard

〔肉のあとにマスタード〕あとの祭り, 証文のだし遅れ, 遅かりし由良之助.

◆肉を食べ終わったあとにマスタードをだされても意味がないように, しかるべき時期に間に合わなかった場合にいう.

It ain't the meat, it's the motion.

肉ではなく, 動きだ.

◆セックスは男性の性器の大きさは関係なく, テクニックが大事だ, という意味の常套句. 転じて, 「弘法筆を選ばず」(It's not what you have, it's how you use it.) という意味でも使われる. 米国のバンド, ザ・スワローズ (the Swallows) の歌 "It Ain't the Meat (It's the Motion)" の題名から.

The nearer the bone, the sweeter the meat.

肉は骨に近いほどおいしい.

◆文字どおりの意味でも, また, 最後のものほど楽しめる, という意味のことわざとしても使われる.

| memory 記憶；記憶力；思い出 |

have the [a] memory of a goldfish

M

〔金魚の記憶力がある〕忘れっぽい，鶏と同じだ．

◆日本語では鶏は 3 歩あるくと忘れるといわれるが，英語では Gold-fish only have a three-second memory. (金魚は 3 秒しか覚えていない) とよくいわれる (実際には，もっと長く記憶することが実験などで明らかにされているという).

have a photographic memory

〔写真的記憶力がある〕すべてを克明に覚えている．

How short is your memory?

〔あなたの記憶力はどれほど短いのか〕もう忘れたのかい：まったく忘れっぽいんだから．

◆Your memory is short. (あなたは忘れっぽいね) とほぼ同じ．

(Please) refresh my memory.

思いださせてくれませんか；すみません，なんでしたっけ．

◆忘れてしまったことを相手に教えてもらうときの表現．Could you refresh my memory? ともいう．「あれっ，確か前は違ったことをいっていたけど」という意味で皮肉をこめて使うこともある．

Your memory is going.

忘れっぽくなったね．

◆自分が忘れっぽくなったときは My memory is going. や My memory isn't as good as it used to be. / My memory isn't what it used to be. (私の記憶力は昔とは違う) などという．

Ex. I told you about it last week. Your memory is going.

そのことは先週話したじゃないか．忘れっぽくなったね．

| **method** 方法；筋道

My Very Easy Method Just Speeds Up Naming Planets.

→ man の項の Men Very Easily Make Jugs Serve Useful Needs, Perhaps. を参照．

Though this be madness, yet there is method in't.

これが狂気だとしても，そこには一本筋がとおっている．

◆ シェークスピア (Shakespeare) の『ハムレット』第 2 幕第 2 場 (*Hamlet*, Act 2, Scene 2) でポローニアス (Polonius) が狂気を装うハムレットについていうせりふ．in't は in it の縮約形．

mind　心；頭脳；気にする；気をつける

Are you a mind reader?

〔読心術ができるのですか〕すっかり見透かされているわね．

◆ 自分の考えていることをずばりといわれたときなどにいう．You're a mind reader. や You read my mind.（よくわかったね；私もそう思っていたよ）ともいう（この read は過去形）．

(It) makes me no never mind.

〔それは私をまったく気にしなくさせる〕どうでもいいよ．

◆ It doesn't make any difference to me. と同じ意味で，「自分には特にこだわりはないからあなたの好きなようにしていい」というときに使うくだけた口語表現．It don't make me no never mind. ともいう．no never mind は「どうでもよい」という意味で，no nevermind ともつづる．

So many men, so many minds.

〔それだけ多くの人がいればそれだけ多くの考えがある〕十人十色．

◆ 人によって好みや考え方はまちまちだ，という意味のことわざ．country の項の So many countries, so many customs. を参照．

mirror　鏡

A friend's eye is a good mirror.

友人の目はよい鏡だ．

◆ 友人は率直に意見をいってくれるという意味のことわざ．

M

can fog a mirror

〔鏡をくもらせることができる〕かすかに息をしている，かろうじて生きている．

◆人の生死を確かめるとき，鼻先に小さな鏡を当てて，鏡がくもれば息をしていて生きているが，そうでなければ死んでいる，ということから．be able to fog a mirror ともいう．

do it with mirrors

〔鏡を使ってそれをする〕トリックを使う；鮮やかな手口でまんまと成功する．

◆マジシャンが鏡を利用してイリュージョンを見せるように，トリックを使って何かすることをいう．(all) done by (smoke and) mirrors という受動態表現も使われる．

Look in the mirror.

鏡を見なさい．

◆ひどい格好をしている人や倫理的・道徳的問題のあることをした人などに，「自分の姿をよく見つめなさい」という意味で使う．Take a look in the mirror. / Take a long [hard] look in the mirror. ともいう．これらの例では，鏡そのものではなく，鏡の中に映ったものを見るという意味なので，look in the mirror と前置詞 in が使われる．

| miss （目標を）はずす；しそこなう；いなくてさびしい；ミス

Blink and you'll miss it.

〔まばたきするとそれを見逃す〕よく注意してみていないと見過ごしちゃうよ；ちょっとでも目を離したら，すぐにいなくなっちゃうよ．

◆複数の人や物については Blink and you'll miss them. という．blink-and-you-miss-it は「現れてはすぐに消え去る」という意味の形容詞として使う．

Missed it by that much.

それくらいではずれました.

◆米国のテレビコメディー『それゆけスマート』(*Get Smart*, 1965-70) で，主人公のスマートがいうお決まりのフレーズ．自分を狙って撃った銃弾がはずれたときなどに，右手の親指と人差し指の間を5 cm ほど広げてこういう．転じて，「おしいことに見事的中とはいかなかったね」という場合に使われる．スマートの有名なせりふには Sorry about that, Chief. などもある (sorry の項を参照).

You can't miss something you never had.

これまで1度ももったことがないものがなくなってさびしいと思うことはできない.

◆ことわざ．それはもともと自分にはないのだから，それについて別に不満に思うことはない，という場合に使うことが多い．What you've never had you never miss. / You never miss what you never had. ともいう．lose の項の You can't lose something you never had. を参照.

You don't know what you're missing.

〔君はのがしているものを知らない〕知らないと損よ.

◆「こんなにおいしい [楽しい] ものがあるのに，それを知らないなんてもったいないことだ」という意味で，食べず嫌いの子どもに食べさせるなど，新しいことにトライさせるときにいう．ビートルズ (the Beatles) の "Nowhere Man" の歌詞にも出てくる.

You don't miss something until it's gone.

〔なくなるまではそれがなくてさびしいとは思わない〕なくなってから初めてそのよさがわかる.

◆ことわざの We never miss the water till the well runs dry. とほぼ同じ (water の項を参照).

You will be missed.

あなたがいなくなるとさびしい.

◆I'll miss you. (あなたがいなくなると私はさびしい) と違って，「自

分だけでなく多くの人がさびしく感じるだろう」という意味で使われることが多い.

mistake　まちがい；過ち；失敗；まちがう

If you don't make mistakes, you don't make anything.

まちがわなければ何もつくれない.

◆Failure is the mother of success.（失敗は成功のもと）とほぼ同じで，人は失敗から学んでこそ上達するものだ，という意味のことわざ.

Learn from your mistakes.

失敗から学びなさい.

◆同じ趣旨で，We learn from our mistakes. や You learn from your mistakes.（人は失敗から学ぶものだ）などともいう.

moment　瞬間；短時間

A moment on the lips, a lifetime on the hips.

唇における一瞬は腰における一生.

◆おいしい食べ物の誘惑にちょっと負けると，太ってしまってなかなかもとの体形に戻らない，という意味の常套句.

have a blond(e) moment　→ blonde の項を参照.

have a senior moment

〔高齢者の瞬間をもつ〕ど忘れする，ぼけたようになる.

◆痴呆のはじまりと思われるような行動をすることをいう.

Hollywood moment

ハリウッド的瞬間.

◆ハリウッド映画に出てきそうな劇的な瞬間，または映画俳優の気分を味わえる瞬間をいう. moment は短い期間のことで，必ずしも瞬間とはかぎらない.

Kodak moment

コダック的瞬間.

◆写真に収めたくなるような瞬間. イーストマンコダック (Eastman Kodak) の宣伝文句から.

The moment has passed.

その瞬間は去った.

◆「お楽しみは終わった」または「チャンスはもう消えてしまった」という場合に使う. 後者の意味では The ship has sailed. ともいう (ship の項を参照).

the moment of truth

〔真実の瞬間〕運命の瞬間.

◆決定的変化をもたらすことになる決断やできごとが生じるときをいう. 米国のオーディション番組『アメリカンアイドル』(*American Idol*, 2002-) で, 司会者のライアン・シークレスト (Ryan Seacrest) が, 出場者が次回へ進めるかどうかを告げるときによく使う.

money お金；貨幣

Do what you love and the money will follow.　→ love の項の Do what you love and the rest will follow. を参照.

Follow the money.

金の動きを追え.

◆犯罪捜査や調査報道などにおける格言.

It always comes down to money.

いつだってお金にいきつく.

◆さまざまな状況において, 結局はお金が問題になる, という意味の常套句.

It's all about money.

M

お金がすべてだ.

◆「お金のことしか頭にない」または「問題はお金だ」という場合に使う．人については，It's all about money to [with] her. (彼女にとってはお金がすべてだ) や He's all about money. (彼はお金がすべてだ) などともいう．また，It's always about money. (いつだってお金のことだ) も使われる．

money, fame and power

金と名声と権力.

◆一般に多くの人が渇望するとされるもの.

Money is a good servant, but a bad master.

お金はよい召使いだが，悪い主人だ.

◆お金を手段として使うのはよいことだが，お金が目的になるのはよくない，という意味のことわざ．類似表現に Fire is a good servant, but a bad master. がある (fire の項を参照).

Money is tight all over.

どこもみな金に困っている；どこも資金繰りに苦しい.

◆常套句．類例に It's tough all over. (どこもみな大変よ) がある.

Money makes the mare (to) go.

〔お金は雌馬を歩かせる〕地獄のさたも金次第.

◆お金を出せばどうにかなる，という意味のことわざ．現代英語では Money makes the mare go. が普通だが，古い形の to go も使われる.

Money talks, (and) bullshit walks.

お金は話し，(そして) 牛のクソは歩く.

◆人を動かすにはお金が有効だが，単に口で話しただけでは人は動かない，という意味の常套句．ここでの talk は「話す＝説得力をもつ」，walk は「歩く＝どこかへ行く＝効果がない」を意味し，bullshit は「牛のクソ」が原義だが，転じて「くだらないこと，中身のない話」を意味する.

My money is on ...

私は…だと思う.

◆「私がお金を賭けるのは…だ」ということから. For my money, he's the guy. (私の見るところ, 彼が犯人だ) というような表現もある.

Never pay money to get money.

お金を得るためにお金を払うな.

◆「仕事を斡旋するからまずは教材を買え」というような詐欺に引っかかるな, という注意.

Show me the money!

金を見せろ.

◆ 米国映画『ザ・エージェント』(*Jerry Maguire,* 1996) で, キューバ・グッディング・Jr (Cuba Gooding Jr.) 扮するアメフト選手ロッド・ティドウェル (Rod Tidwell) がトム・クルーズ (Tom Cruise) 扮する代理人に何度も口にするせりふ. 一般に, 「証拠を見せろ」という場合にも使われる. 大リーグの大谷翔平選手がホームランを打ったときに解説者のマーク・グビザ (Mark Gubicza) が Shohei the money! (昇平は金だ) とよくいっていたが, それはこの句をもじったもの.

You have to spend money to make money.

お金をもうけるためにはお金をつかわなければならない.

◆ お金をもうけようとするなら, なんらかの投資は必要だ, という意味のことわざ.

│　more　より多く (の); もっと; より多くのもの

Please, sir. I want to have some more.　→ please の項を参照.

There's (plenty) more where that came from.

それが来たところにはもっと (いっぱい) ある.

◆ 人に食べ物をだしたときなどに, 「それが全部ではなくて, まだいっ

ぱいあるから遠慮しないでどんどん食べて」という意味で使うことが多い．複数のもの（や人）について There are (plenty [a lot]) more where those [they] came from. / There's (plenty [a lot]) more where those [they] came from. ということもある．クリント・イーストウッド（Clint Eastwood）主演の米国映画『ダーティハリー2』（*Magnum Force*, 1973）のラスト，ブリッグス刑事（Briggs）が「オレたちの仲間になりたいっていうやつはいっぱいいるんだよ」という意味で There's a lot more where they came from, believe me. という場面がある．

morning 朝；午前

Good morning, good afternoon, good night.

〔おはよう，今日は，おやすみなさい〕すべて見逃しによる三球三振．

◆野球界の常套句．ボールと3度顔をあわせただけで何もせずに終わることから．ちなみに，見逃し三振は a called strikeout（判定による三振），空振り・ファウルも含む三球三振は a three-pitch strikeout で，1回を三者連続三球三振に抑えることを immaculate inning（完全無欠の回）という．また，打者が三振し，走者が盗塁失敗でダブルプレーとなる「三振ゲッツー」は strike 'em out, throw 'em out (double play) という（'em は them の th- が省略された発音）．なお，三者凡退は One, two, three. という（one の項を参照）．

Good morning, sunshine.

おはよう．

◆「あなたは日光のように明るくしてくれる」という意味をこめて親しい人に対して使われるが，朝寝坊した人や機嫌の悪そうな人に対して皮肉をこめていうこともある．略して，Morning, sunshine. ともいう．

Morning is an important time of day.

朝は一日のうちの重要な時だ；一日の計は朝にあり．

◆日本語と同じ発想の常套句.

Morning shows the day.

〔朝はその日を示す〕一日の計は朝にあり.

◆朝に何かよいことや悪いことがあると，それが一日続く，という意味のことわざ.

mother 母；母親

Diligence is the mother of good luck [fortune].

〔勤勉は幸運の母〕継続は力なり.

◆努力し続けることの大切さを説いたことわざ.

My Very Eager Mother Just Served Us Nachos [Noodles]. / My Very Educated Mother Just Served Us Nachos [Noodles].

→ man の項の Men Very Easily Make Jugs Serve Useful Needs, Perhaps. を参照.

Shall I be mother?

〔母親になりましょうか〕お茶［食べ物］はいかがですか.

◆英国（とオーストラリア，ニュージーランド）で，「カップにお茶をつぎましょうか」または「食べ物をだしましょうか」という意味で使うユーモラスな表現.

Who's she, the cat's mother?   → cat の項を参照.

Your mother!

〔おまえの母親だ〕うるさい，何をぬかすか.

◆悪口をいわれたり，批判されたりしたときなどに，「それはおまえの母親のことだろう」という意味でやり返す侮辱の言葉. know の項の I know you are, but what am I? と man の項の So's your old man! を参照.

mouse　ネズミ　　mousetrap　ネズミ捕り

Build a better mousetrap and the world will beat a path to your door.

よりよいネズミ捕りをつくれば，世界はあなたのドアへの道を踏み固めるだろう．

◆改良してよりよい製品をつくればヒット商品になる，という意味．米国の思想家ラルフ・ウォルドー・エマソン (Ralph Waldo Emerson) の言葉とされるが，同様の趣旨の言葉はあるものの，そっくり同じではない．

Do you have a mouse in your pocket?

ポケットにネズミがいるのかい．

◆相手が we を主語にして自分の意見を述べたようなときに，「私たちというけれど，それはあなた個人の意見ではないのか」という意味の皮肉をこめて，Who's we? Do you have a mouse in your pocket? (私たちって誰のこと？　もしかしてポケットにネズミでもいるのか) などという．Do you have a turd in your pocket? (ポケットにクソがあるのか) という俗語表現もある．

Is that a mouse in your pocket, or are you just happy to see me?　→ happy の項の Is that a gun in your pocket, or are you just happy to see me? を参照．

The mountain labored and brought forth a mouse.

〔山が陣痛を味わってネズミを生んだ〕大山鳴動してネズミ一匹．

◆大騒ぎしたものの，大した結果にはならなかった，という意味のことわざ．古代ローマの詩人ホラティウス (Horace) の『詩論』(*The Art of Poetry*) に類似の言葉が出てくる．

mouth　口；言う言葉

A closed mouth gathers no feet.

〔とじた口は足を集めない〕口はわざわいのもと.

◆「ばかな言動をして恥をかく」という意味の慣用句 put *one's* foot in *one's* mouth（足を口にいれる）とことわざの Rolling stones gather no moss.（転石こけむさず）を合体させた滑稽なことわざで,「余計なことをいわなければ, 恥をかいたりすることはない」という意味. If you keep your mouth shut, you won't put your foot in it.（口を閉じていれば, 足をいれたりすることはない）ともいう.

(Do) you eat with that mouth?

おまえはその口が食べるのかい.

◆相手が口汚い言葉を使ったときにたしなめるようにしていう. 特に, 母親が子どもに対していうことが多い.（Do) you kiss your mama [grandmother] with that mouth?（おまえはその口でママ［おばあちゃん］にキスするのか）ともいう.

(Well,) wash my mouth out with soap.

石けんで口を洗わなくちゃ.

◆自分が口汚い言葉を使ってしまったときに使う.

move　動く, 動かす；動き, 動かすこと

I have to move along.

もう行かなくちゃ.

◆別れを切りだすときの言葉で, I have to go now. とほぼ同じ.

Move it.

〔それを動かせ〕さっさとしろ；邪魔だ.

◆相手を急がせるときや, 邪魔だからどけ［どかせ］というときに使う.

M

Move it or lose it.

それを動かさないと失う.

◆Use it or lose it. とほぼ同じで，「体を動かさないと機能が衰えて
しまう」という意味で使うことが多いが，「そこに駐車した車を移動
させないと，レッカー車にもっていかれるよ；早くしないとチャン
スを失うよ；邪魔だからどけ．さもないとひどい目にあうぞ」などの
場合もある.

Moving on.

〔先に進んでいる〕話を変えよう.

◆その話は終わりにして，次の話題に移るときにいう.

Ex. OK, then. Moving on. わかった．じゃあ，別の話題に移ろう.

Nice move.

〔いい動きだ〕よくやった；でかした.

◆相手の機敏な行動などをほめる表現．皮肉で使うこともある.

much   ずっと；とても；たくさん（の）；いっぱい（の）

Too much is as bad as too little.

〔多すぎは少なすぎと同じくらい悪い〕過ぎたるはなお及ばざるがごとし.

◆ほぼ同じ意味で Too much of anything is bad for you.（どんなもの
も多すぎるのは悪い），Too much of anything is dangerous.（どんなも
のも多すぎるのは危険だ）ともいう．別のいいかたをするなら，Mod-
eration in all things.（何ごとも中庸が肝心）となる.

Too much is never enough.

多すぎが十分なことは決してない.

◆あり余るほどのお金をもちながら，さらにお金をもうけようとする
ような強欲な人たちの態度などをいう.

Too much, too fast.

多すぎて，急すぎる.

◆Too late, too little.（遅すぎで少なすぎ）の反対で，急激に多くしすぎること．Too fast, too much. ともいう．

| **must** ...しなければならない；...に違いない |

What must be must be.

なるようにしかならない；なるようになる．

◆自分がコントロールできないものは受けいれるしかない，という意味のことわざ．主部と述部がはっきりわかるように What must be, must be. とも表記される．Whatever must be(,) must be. ともいう．

name 名前；名づける；名前をいう

Names and natures do often agree.

〔名前と性質はしばしば一致する〕名は体を表す.

◆ことわざ.

Say her name.

彼女の名前をいえ.

◆黒人女性に対する警察の暴力 (police brutality) に抗議するための
スローガン.

英語の名前 (姓)

　移民の国であるアメリカでは名前 (姓) (surname, family
name, last name) から出自がわかり, それが常識になっている
ことが多い. そのいくつかを以下に示す.

・**イングランド系**：Johnson など -son で終わる姓, または
Smith, Jones など. 種類としては Wood, Hill など地名に由
来するもの, Smith (鍛冶屋), Taylor (仕立屋), Miller (製粉
業者) など職業に由来するもの, Williams, Johnson など父親
の名に由来するものなどがある.

・**スコットランド系**：MacDonald など Mac- または Mc- で始
まる姓, また Campbell, Duncan, Gibb, Gibson など. Mac-,
Mc- いずれも son [descendant] of を意味し, McDonald は
son [descendant] of Donald (ドナルドの息子 [子孫]) の意. 日
本もそうだが, 昔は庶民には姓はなく,「ドナルドの息子の

ジョン」などといって区別していたのが姓になった.

・**アイルランド系**：O'Connor など O'- で始まる姓や Mac-, Mc- で始まる姓，また Brennan, Kennedy, Murphy など．O'- は grandson [descendant] of を意味し，O'Connor は grandson [descendant] of Connor（コナーの孫息子［子孫］）の意.

・**フランス系**：Bernard, Dubois など.

・**イタリア系**：Coppola, Ferrari, Ricci など母音で終わる姓.

・**ドイツ系**：Muller（英語の Miller に相当），Schmidt（英語の Smith に相当）など.

・**スウェーデン系**：Andersson など -(s)son で終わる姓．-son は son を意味し，Andersson は son of Anders（アンデルスの息子）の意.

・**ノルウェー系またはデンマーク系**：Nielsen, Andersen など -sen（son の意）で終わる姓.

・**ポーランド系**：Kowalski など -ski で終わる姓.

・**ロシア系**：Pavlov など -ov で終わる姓.

・**ユダヤ系**：Cohen や，Spielberg, Einstein, Goldblum など -berg, -stein, -blum で終わる姓．Cohen はヘブライ語由来の姓で，イスラエルでもっとも多い．-berg（ドイツ語などで hill, mountain の意），-stein（ドイツ語で stone の意），-blum（ドイツ語で flower の意）などの語尾をもつ姓はユダヤ系に限らないが，特に第二次世界大戦前後の時期にヨーロッパのユダヤ系住民の多くが米国に移住したため，典型的なユダヤ系の名と見なされている.

nature　自然；本性

freak of nature　→ freak の項を参照.

Nature has spoken.

自然が話した.

◆自然の美しさや激しさを目の当たりにしたときなどに使う. Mother nature has spoken. ともいう.

nature or nurture

〔自然か養育か〕生まれか育ちか.

◆nature versus nurture ともいい, 人が身体的・精神的に発達する過程においては, 遺伝的要素と環境的要素のどちらが大きく影響するのか, という意味で使われる.

Nature will out.

〔本性は現れる〕人の性根は変わらない.

◆ことわざの A leopard can't change his spots. (ヒョウは斑点模様を変えられない) とほぼ同じで, どんな育て方をしても, 結局はその人の本性が現れるという意味. 似た意味合いの常套句に, You can't fight your nature. (本性には逆らえない; もって生まれた性分はどうしようもない) がある.

Where man is not nature is barren.

人間のいないところ自然は不毛だ.

◆英国の詩人ウィリアム・ブレイク (William Blake) の詩『天国と地獄の結婚』(*Marriage of Heaven and Hell*) の「地獄のことわざ」("Proverbs of Hell") の一節.

| nice　よい; 素敵な

Get yourself something nice.　→ get の項を参照.

It's nice to be important, but it's more important to be nice.

重要であることはいいことだが, いい人間であることはもっと重要だ.

◆社会的地位などよりも人間性のほうが大事だ, という意味のこと

わざ.

This is why we can't have nice things.

これだから私たちはいいものがもてない.

◆やんちゃな子どもが家の中のものをすぐ壊してしまうので,「これだからうちには高価なものは置いておけない」というときに使うことが多い. 買ったばかりの新品を友人などに壊されてしまった場合などにも使われる.

| night 夜

a night to remember

記憶に残る夜.

◆生涯忘れられないようなできごとがあった夜をいう. 米国の作家ウォルター・ロード (Walter Lord) のノンフィクション『タイタニック号の最期』の原題にも使われている.

Do not go gentle into that good night.

あのよい夜の中に静かにはいりゆくな.

◆英国ウェールズの詩人・作家ディラン・トマス (Dylan Thomas) の詩の題名,およびその中でくり返させる句. この詩は次のように始まる.

> Do not go gentle into that good night, / Old age should burn and rave at close of day; / Rage, rage against the dying of the light.
>
> あのよい夜の中に静かにはいりゆくな,／老齢は日の終わりに燃えて荒れ狂うべきだ.／いかれ,いかれ,消えゆく光に.

Have a nice night.

よい夜を.

◆夜の別れのあいさつ. Have a good night. ともいうが,こちらは Good night. (お休みなさい) の意味もある.

It'll be all right on the night.

夜には大丈夫だ.

◆ イギリス英語の常套句で，催し物などがうまくいくのかと心配される状況で，「本番になれば大丈夫だ」という意味で使う.

It's one of those nights.

〔そういう夜のひとつだ〕 ついてないときもある；こういう日もある.

◆ 前に具体的状況を示してからいうことが多い.

The night has a thousand eyes.

夜は千の目をもつ.

◆ 夜空に無数の星がまたたく様子をいう．英国の詩人フランシス・ウィリアム・ボーディロン (Francis William Bourdillon) の詩の題名およびその出だしの一節；米国の歌手ボビー・ビー (Bobby Vee) のヒットソング (1962) の題名にも使われている．詩の第1連は次のとおり.

The night has a thousand eyes, / And the day but one; / Yet the light of the bright world dies / With the dying sun.

夜は千の目をもつ，／そして昼はひとつだけだ．／それでも明るい世界の光は消える／消えゆく太陽とともに.

note ノート，覚え書き；注意を払う

Duly noted.

確かに承りました；わかりました.

◆ 法廷で，弁護士などの異議に対して裁判官がいう言葉．一般的な場面では，相手の提案などを理解して「それについて考えてみる」という場合と，「ご意見は聞きましたが，私の考えは変わりません」という場合がある．会話では，単に Noted. ともいう.

nothing　何も…ない；無；ゼロ

not for nothing

〔理由なくしてではなく〕それなりの理由があって；無駄ではなくて.

◆「しかるべき理由があって (for good reason)；だてに … ではない」という意味で使うのが普通だが, not for nothing, but … (こういっちゃなんだけど …) として, 相手が気分を害するかもしれないことをいう前置きとして使うこともある.

You can't beat something with nothing.

無では有に勝てない.

◆政治の世界での常套句で, 対立政党の批判ばかりしていて, 魅力ある政策を提示できなければ選挙に勝てない, という意味.

now　今；さて；さあ

Now is as good a time as any.

〔今はほかのどの時と同じくらいによい〕さっさとやってしまおう.

◆あと回しにしたほうがよいわけでもないから, 今やろう, という場合に使う.

Now would be nice.

今だといいね.

◆相手が「いつしたらいいですか」などと聞いたときの返事として使う.

What's wrong with now?

どうして今じゃいけないのよ.

◆「あとで話そう」などといわれたとき, 「今すればいいじゃないか」という意味で使う.

| number 数字;番号

Take a number.

番号札をおとりください.

◆病院や銀行などで，番号札をとって待つようにという指示が原義だが，比喩的に使うことが多い．たとえば，米国の警察ドラマ『クローザー』(*The Closer*, 2005-12) の第1シーズン第13話 (Season 1, Episode 13) では，主人公のジョンソン本部長補佐が事情聴取した相手から「上司に苦情をいってやる」といわれて，You might have to take a number. と答える場面がある．字幕は「電話しなさい」となっていたが，本当は「あなたみたいな人はほかにいっぱいいるから，番号札をとって待たなければならないでしょうね」という皮肉で，字幕風に訳すなら「どうぞご自由に」などになる．

When your number is up, your number is up.

死ぬときは死ぬ;いつ死ぬかは運命次第だ.

◆*one's* number is up は「命運が尽きる，死期を迎える」という意味の慣用句．When it's your time to go, it's your time to go. などともいう (time の項を参照).

o'clock （時刻の）...時

It's five o'clock somewhere.

どこかでは 5 時だ.

◆昼間から酒を飲み始めるときのいいわけ. 世界のどこかでは仕事が終わる 5 時だから, 飲んでもいいだろうということ. 2003 年にヒットしたカントリーソングの題名にも使われている.

odds 公算；確率；（賭けの）オッズ

The odds are good, but the goods are odd.

〔確率はいいが, 品物が変だ〕候補はいっぱいいるのに, ろくでもないものばかりだ.

◆「公算」の意味の odds と「奇妙な」の odd,「よい」の意味の good と「商品, 品物」の意味の goods をうまく組みあわせたユーモラスな常套句で, 恋愛相手として潜在的な候補は多くて確率的にはいい状況なのだが, そこにいるのは奇妙な人たちばかり, という意味.

What are the odds (of that)?

〔（それの）確率は何か〕（それは）すごい偶然よね；すごい奇遇だね.

◆非常に珍しいことがあったときに使う.

offer 申し出る；申し出

I'm going to make him an offer he can't refuse.

彼が断れない申しいれをする.

◆米国の作家マリオ・プーゾ（Mario Puzo）の小説（1969）およびそ

の映画化作品『ゴッドファーザー』(*The Godfather*, 1972) で，ゴッドファーザーのドン・コルレオーネ (Don Corleone) が歌手・俳優のジョニー・フォンテーン (Johnny Fontane) にいうせりふ．一般に，有無をいわせないおどしに an offer *someone* can't refuse が使われる．

映画 *The Godfather* の英語

　この映画から広まったフレーズには Keep your friends close, but your enemies closer. (友人は近くに置いておくが，敵はもっと近くに置いておけ) などもある．

　godfather とはカトリックなどのキリスト教宗派において，新しく信徒となる者 (通例は幼児) の洗礼式に立ち会い (映画では，ラストに幼児洗礼式の場面がある)，教会とその信仰共同体を代表してその受洗者 (幼児) を支援することを誓う男性をいう．幼児洗礼の場合には幼児の親の兄弟や親友がなることが多い．同様の役割を果たす女性は godmother といい，男女を区別しない場合は godparent という．昔の英和辞典では godfather, godmother, godparent を「名づけ親」としているものが多かったが，名前をつけるわけではなく，日本のカトリック教会では「代父」「代母」「代父母」と呼んでいる．イタリア系犯罪組織マフィアのボスが godfather と呼ばれるのは，family と呼ばれる組織の長であり，そこに属する人にとって支援者的存在と見なされていることによる．

old　古い；年老いた；古びた

Old is gold.

古いのは金だ．

◆古いものや年老いた人には価値がある，という意味のことわざ．

Out with the old, in with the new.

古いものは外，新しいものは中．

◆古いものや考えなどは捨て，新しいものや考えをとりいれる，とい
う意味の常套句．

Something old, something new, something borrowed, something blue → something の項を参照．

You are only as old as you feel.

人は自分が感じているだけ年をとっている．

◆「年齢は気持ち次第」という意味の常套句で，Age is a state of mind. とほぼ同じ．

You're older. You should know better.

おにいちゃん［おねえちゃん］なんだから，わきまえなさい．

◆子どもが兄弟げんかをしているときなどに親がよくこういう．長
男・長女に対して You're the oldest. You should know better. という
ことも多い．

| **one** ひとつ（の）；ひとり（の）；もの

If you've seen one, you've seen them all.

ひとつを見れば，全部を見たも同然だ．

◆どれも似たり寄ったりで，代わり映えがしないという意味．聞くも
のについては If you've heard one, you've heard them all. といい，
読むものについては If you've read one, you've read them all. とい
う．if のかわりに when を使い，When you have seen one, you
have seen them all. などともいう．

One, two, three.

三者凡退．

◆野球用語で，Three up, three down.（3人が打席に立って3人がアウ
トになる）ともいう．投手が「三者凡退に抑える」は go one, two,

three という. 三振については morning の項の Good morning, good afternoon, good night. を参照.

That makes one of us.

〔それは私たちのひとりをつくる〕それはあんただけだね.

◆ その場の全員が発言者と同感だという意味の常套句 That makes two [three, etc.] of us. をもじった表現で, 実質的には I disagree with you. と同じ.

O

---

out　外に；外で；終わって

I'll let myself out.

〔私は自分を外にだします〕では, 失礼します.

◆ 訪問先から帰るとき,「玄関まで見送ってくれなくても結構です」という意味で使う.

I'm out.

〔私ははずれる〕降りた；やめた.

◆ ポーカーなどで, その勝負から降りる場合の表現. 転じて, 計画などから抜ける場合にも使う. その反対は I'm in.（勝負するぞ；その話に乗った）という.

---

outside　外側へ；外へ

It's not what's on the outside that matters.

大事なのは外側にあるものではない.

◆ It's what's inside that matters.（大事なのは中身だ）と同じ意味の常套句.

Take it outside.　→ take の項を参照.

part 部分；役

It's taking part that counts.

〔大事なのは参加することだ〕参加することに意義がある.

◆オリンピックのモットーだが,さまざまな場面で広く使われる.オリンピック大会の提唱者クーベルタン男爵(Baron Pierre de Coubertin)の言葉をもとにしたオリンピック憲章(Olympic Creed)の現在の英語訳は次のとおり.

> The most important thing in the Olympic Games is not to win but to take part, just as the most important thing in life is not the triumph, but the struggle. The essential thing is not to have conquered but to have fought well.

まさに人生においてもっとも重要なのは勝利ではなく苦闘であるように,オリンピック大会においてもっとも重要なのは勝つことではなく,参加することである.大切なことは勝利したことではなく,よく戦ったことである.

There are no small parts, only small actors.

小さな役などない.小さな役者がいるだけだ.

◆ロシアの俳優・演出家コンスタンチン・スタニスラフスキー(Konstantin Stanislavski)の言葉で,端役(bit part)を含むどの役も重要であり,それを理解しないのは俳優が未熟であるという意味.

What part of something don't you understand?

〔…のどの部分が理解できないのだ〕…だとはっきりいったじゃないか.

◆相手が自分の命令を守らなかったときなどにいう常套句で,What part of *something* didn't you understand? と過去形も使われる. something の部分には具体的な自分の発言がくる.

Ex. What part of "no" don't you understand?

はっきりノーといったじゃないか.

| pass　送る，パスする；パス；ナンパ

Men don't make passes at girls who wear glasses.

男はめがねをかけた女には声をかけない.

◆ 男にとってめがねをかけた女性は魅力的ではない，という意味でよくこういわれる. make a pass は「口説く，アタックする，ナンパする」という意味.

Take one and pass it around [on, along].　→ take の項を参照.

| patience　忍耐；辛抱

Patience is everything.

忍耐がすべてだ.

◆「辛抱が肝心だ」という意味の常套句で，釣りに関してよく使われる.

There is a limit to patience.

忍耐にも限度がある.

◆ There is a limit to God's patience. (神の忍耐にも限度がある：仏の顔も三度まで) ということわざもある. take の項の How much can a man [woman] take? を参照.

| pay　支払う；賃金；報酬

Paid with thanks.

〔感謝をもって支払われた〕代金，まさに領収しました.

◆ 領収証にしるされる言葉. Received with thanks. も使われる.

That's why they pay me the big bucks.

それだから私は高給をもらっている.

◆「ほかの人には困難と思えることでも，私にはお手のものだ，何しろそれで高給をもらっているわけだから」というニュアンスの常套句（ただし，実際に高給をもらっているとは限らない）．相手にほめられて「私の手にかかればこんなものだ；まあね；さすがでしょ」と自慢する場合や，「そういうことは私に任せてください」と自分から申し出る場合などに使う．相手に対して That's why they pay you the big bucks.（あなたならできるでしょ；さすがだね）といったり，第三者について That's why they pay him [her] the big bucks.（彼［彼女］ならできるでしょ；さすがだね）といったりすることもある.

---

peace　平和；静寂；沈黙

Lord, make me a channel of your peace, that where there is hatred, I may bring love.

主よ，私があなたの平和の道具となり，憎しみのあるところに愛をもたらすことができますように.

◆日本では「聖フランシスコの平和の祈り」（"Prayer of Saint Francis"）として知られる祈祷文の出だしの言葉．イタリアの聖人フランチェスコの名がついているが，作者は不詳．原文はフランス語で，いくつものバージョンがある．マザー・テレサ（Mother Tereza）がノーベル平和賞でとなえたのは次のとおり.

> Lord, make me a channel of your peace, / that where there is hatred, I may bring love; / that where there is wrong, I may bring the spirit of forgiveness; / that where there is discord, I may bring harmony; / that where there is error, I may bring truth; / that where there is doubt, I may bring faith; / that where there is despair, I may bring hope; / that where there are shadows, I may bring light; / that where there is sadness, I may bring joy.

Lord, grant that I may seek rather to comfort than to be comforted; / to understand, than to be understood; / to love, than to be loved. / For it is by forgetting self, that one finds. / It is by forgiving that one is forgiven. / It is by dying, that one awakens to eternal life. Amen.

主よ，私があなたの平和の道具となり，／憎しみのあるところに愛をもたらし，／悪のあるところに許しの精神をもたらし，／不和のあるところに調和をもたらし，／誤りのあるところに真実をもたらし，／疑いのあるところに信頼をもたらし，／絶望のあるところに，希望をもたらし，／闇のあるところに光をもたらし，／悲しみのあるところに喜びをもたすことができますように．

主よ，私が慰められることよりも慰めることを，／理解されることよりも理解することを，／愛されることよりも愛することを求める人になれますように．／なぜなら，人は自分を忘れることによって自分を見いだし，許すことによって許され，死ぬことによって永遠の命に目覚めるからです．アーメン．

Peace out.

じゃあね．

◆別れるときの俗語表現で，胸を2度たたいてから手でピースのサインをしていう．

There's no peace for the wicked.

邪悪な者に平和はない．

◆日頃の心がけが悪いと楽はできない，という意味のことわざ．There's no rest for the wicked.（邪悪な者に休息はない）とほぼ同じ．

pick 選ぶ（こと）；摘みとる（こと）；つつく（こと）

He's picking on you because he likes you.

彼はあなたのことが好きだからいじめるのよ．

◆「男の子は好きな女の子をいじめる」という意味でよくいわれる．

mean の項の Treat them mean, keep them keen. を参照.

If you pick your nose, your head will cave in.

鼻をほじると, 頭がへこんじゃうよ.

◆ 鼻をほじる子どもに親や教師などがこういって, おどす. If you pick your nose, your brain will fall out. (鼻をほじると, 脳みそが落っこちちゃうよ) ともいう.

Pick up your feet.   → foot の項を参照.

Pick up your room.

部屋を片づけなさい.

◆ 母親が子どもによくいう.

You can pick your friends, but you can't pick your family.

→ friend の項を参照.

pig 豚

(as) fat as a pig

豚のように太った；ぶくぶく太った.

◆ 常套比喩表現. 豚を使った比喩表現には, bleed like a (stuck) pig ((刺された) 豚のように血を流す：だらだら血を流す), eat like a pig (豚のように食べる：がつがつ食べる), sweat like a pig (豚のように汗をかく：ひどく汗をかく) などがある.

Little pig, little pig, let me in.

子豚さん, 子豚さん, 中にいれておくれ.

◆ 童話「三匹の子豚」 ("Three Little Pigs") でオオカミ (Big Bad Wolf) がいうせりふ. 子豚が Not by the hair on my chinny chin chin! (僕のあごの毛にかけてだめ：絶対にだめ) と答えると, Then I'll huff, and I'll puff, and I'll blow your house in! (それなら, ふー, ふーのふーで吹き倒してやる) といって小屋を吹き倒し, 子豚を食べて

しまう．スタンリー・キューブリック（Stanley Kubrick）製作・監督の恐怖映画『シャイニング』（*The Shining*, 1980）では，ジャック・ニコルソン（Jack Nicholson）演じるジャック・トランス（Jack Torrance）が浴室に逃げこんだ妻子に対して，ドアの外から Little pigs, little pigs, let me come in! という場面がある．

place　場所；置く

P

It's not my place.

〔私の場所ではない〕私はどうのこうのいう立場にありません．

◆It's not my place to say anything. などの省略表現．It's not my place, but …（さしでがましいようですが，…）と前置きに使うことも多い．

Put yourself in my place.

私の身にもなってよ．

◆Put yourself in my shoe. ともいう．

There's a place for everything and everything has its place.

何ごとにも場所があり，何ごともその場所をもっている．

◆日本語の「適材適所」に似ていることわざだが，「ものにはそれにふさわしい場所があるので，そこに保管しておくのがよい」という意味で使う．「適材適所」は right person [people], right place という．

Wrong place, wrong time.

悪い場所に，悪い時に．

◆偶然に事故や犯罪に巻きこまれるなど，間の悪い状況をいう．文章の中で使うときは She was at [in] the wrong place at the wrong time.（彼女はたまたま運が悪かった）のように前置詞と冠詞をつける．なお，よい巡りあわせになったときは Right place, right time.（適切な時に，適切な場所に）という．

▌ plan 計画（する）

best-laid plans

練りに練った計画（もしくじることがある）.

◆ことわざの The best-laid plans of mice and men often go awry.
（ネズミと人間のもっともよく練られた計画はしばしば失敗する）の後半
を省略したもので，せっかくの計画が水の泡になったような場合に使
う．出典はスコットランドの詩人ロバート・バーンズ（Robert
Burns）の詩「ネズミに」（"To a Mouse"）の一節 The best-laid
schemes o' mice and men / Gang aft a-gley から（Gang aft a-gley
はスコットランド英語で Go often awry の意）.

I love it when a plan comes together.

計画がうまくいくときは最高だ.

◆米国のテレビドラマ『特攻野郎 A チーム』（The A-Team, 1983–87）
のキャッチフレーズ．主役の"ハンニバル"ジョン・スミス大佐
（Colonel John "Hannibal" Smith）の口癖で，日本語訳は「作戦は奇
をもってよしとすべし」となっている.

If you fail to plan, you plan to fail.

計画のしそこねは失敗の計画だ.

◆米国の政治家・著述家のベンジャミン・フランクリン（Benjamin
Franklin）の言葉で，何ごともちゃんと計画しないとうまくいかない,
という意味．If you fail to prepare, you prepare to fail.（準備のしそ
こねは失敗の準備だ）ともいう.

Man plans and God laughs.

人が計画し，神が笑う.

◆人は計画するのが好きだが，それがうまくいく保証はない，という
意味のことわざ．God laughs when you make plans. や You make
plans and God laughs. などともいう．米国の映画俳優・監督のウッ
ディ・アレン（Woody Allen）は If you want to make God laugh,

tell him about your plans.（神さまを笑わせたければ，あなたの計画を話してみればいい）といった．

play　遊び；劇；遊ぶ；プレーする；（楽器を）演奏する

If you can't play nice, don't play at all.

仲よく遊べないのなら，遊ぶな．

◆すぐにけんかを始める子どもたちに対して親などがよくいう．

Nice play, Shakespeare!

〔いい劇だね，シェークスピア〕なんてばかなことを．

◆相手のばかげた言動などに対する皮肉としていう．

Play the hand you're dealt.

配られた札でプレーしなさい．

◆人は与えられた環境で全力を尽くすべきだ，という意味のことわざ．似た意味の格言に Bloom where you're planted. がある（bloom の項を参照）．

Will it play in Peoria?

〔それはピオリアで演じられるか〕これはヒットするか．

◆製品や興行，芸能人などが全米で成功するか，という意味で使われる常套句（人の場合は Will they play in Peoria? などになる）．ピオリアは米国中西部イリノイ州（Illinois）にある都市で，人口構成などが米国の平均的なものであるため，全国を代表するものと考えられている．

please　どうぞ；どうか；喜ばせる；満足させる

Please Excuse My Dear Aunt Sally.

どうか私の親愛なるサリーおばさんを許してください．

◆数学で等式を計算するときの四則演算の順序（order of operations）

を覚えるための語呂合わせ文 (mnemonic) で，それぞれの単語は Parentheses（括弧），Exponents（指数＝累乗），Multiplication and Division（かけ算と割り算），Addition and Subtraction（足し算と引き算）を表す．これらの頭文字をひとつにした頭字語 (acronym) の PEMDAS も使われる．ほかの mnemonic については happy の項の Happy Henry Likes Beer But Could Not Obtain Food. を参照．

Please, sir, I want some more.

すみません，もっとほしいんですが．

◆英国の作家チャールズ・ディケンズ (Charles Dickens) の小説『オリバー・ツイスト』(*Oliver Twist*, 1838) で，主人公の孤児オリバーが救貧院 (workhouse) でおかゆのお代わりを求める言葉．

There's no pleasing you.

〔あなたを満足させるのは不可能だ〕なんでも文句ばっかりなんだから．

◆感謝知らずの人に対していう．

We aim to please. You aim too, please.

私たちは喜ばせようとしています．あなたも狙うようにお願いします．

◆トイレの掲示で，「ちゃんと狙って便器の中にしてください」という意味．

pleasure　喜び

There is no pleasure without pain.

苦労なくして歓喜なし．

◆No pain, no gain.（苦労なくして得るものなし）とほぼ同じで，「楽しみたいと思うなら，それなりの犠牲が必要だ」という意味のことわざ．

With pleasure comes pain.

〔喜びとともに苦痛が来る〕楽あれば苦あり．

◆「楽しいことには苦しいことがある」という意味の常套句で，薬物

依存症などのケースでよく使われる.

poor 貧しい；あわれな

Alas, poor Yorick! → alas の項を参照.

(as) poor as a church mouse
教会のネズミのように貧しい.
◆常套比喩表現.

Poor you.
〔あわれなあなた〕それはお気の毒に.
◆相手が不平をいったときなどに,「それくらいで文句をいうな」という感じで,皮肉に使うことが多い.

potato ジャガイモ

Potayto, potahto.
〔ポテイト,ポタート〕どっちでも同じだろう.
◆potayto は potato /pətéitou/ の発音つづり, potahto は /pətá:tou/ の発音つづりで,相手が細かい区別だてをしたときなどに,「ポテイトといおうが,ポタートといおうが,どっちも同じジャガイモのことじゃないか」という意味で使う. potato を /pətá:tou/ と発音することはないが,フレッド・アステア (Fred Astaire) とジンジャー・ロジャース (Ginger Rogers) のコンビによる米国のミュージカル映画『踊らん哉』(*Shall We Dance*, 1937) の挿入歌 "Let's Call the Whole Thing Off" の歌詞に You like potayto, I like potahto; you like tomayto, I like tomahto; potayto, potahto, tomayto, tomahto, let's call the whole thing off! とあるところから広まった. Tomayto, tomahto. も同じ意味で使われる (tomato の項を参照). また,それを一緒にして, Potayto, potahto. Tomayto, tomahto. や Tomayto, tomahto. Potayto, potahto. ともいう.

| **power** 力；権力

Never doubt [underestimate] the power of something.

…の力を疑う［過小評価する］な.

◆そのものや人にはすごい力がある，という意味.

　Ex. 1. Never doubt [underestimate] the power of my hunch.

　　　　私の勘はよく当たるんだからね.

　Ex. 2. Never underestimate the power of stupid people.

　　　　愚か者たちの力を見くびってはいけない（やつらは何をしで

　　　　かすかわらかない）.

With great power comes great responsibility.

大いなる力は大いなる責任をともなう.

◆社会的地位の高い者はそれに応じた義務を負うという考えは古くか

らあり，ノブレス・オブリージュ（フランス語 noblesse oblige

/nɔblɛs ɔbliːʒ/）と呼ばれているが，これはその現代版の常套句で，

米国のコミック『スパイダーマン』(*Spider-Man*) シリーズから広まっ

た. great の項の With great *A* comes great *B*. を参照.

| **price** 値段；代価

There's a price for everything.

どんなものにも値段［代価］がある.

◆世の中にはただ望むだけで手にいれられるものはなく，それなりの

代金または代償を払う必要がある，という意味.

**What's that got to do with the price of cheese [eggs, fish,
etc]?**

〔それがチーズ［卵，魚など］の値段とどんな関係があるのか〕そんなの関係な

いだろ.

◆相手の発言に対して，「それとこれでは話がまったく違うじゃない

か」という意味で使う修辞疑問 (rhetorical question).

quality 特性；品質；性質

Quality is remembered long after price is forgotten.

品質は値段が忘れられたずっとあとまで記憶される.

◆高級ファッションブランドのグッチの会長アルド・グッチ（Aldo Gucci）の言葉.

quarter 4分の1；クォーター；25セント（硬貨）；よっつに裂く

be hanged, drawn, and quartered

縛り首にされ, 引きだされて, よっつに裂かれる.

◆14世紀の英国で, 国王に対して謀反を起こした者が受けた刑罰の方法. 日本の時代劇に出てくる「市中引き回しの上, 打ち首, 獄門」に近いもので, まず板などにくくりつけられて馬で市中を引き回され（drawn）, 縛り首にされて（hanged）, まだ息のあるうちにおろされて, 内蔵を引きだされ（drawn）, 首をはねられたうえ, 体をよっつの部分に切り裂かれ（quartered）, 最後に遺体を市中にさらされる, という残酷さだった. 比喩的に, 「ひどい目にあわされる」という意味で使われる.

The fourth quarter is ours.

第4クォーターはうちのものだ.

◆アメリカンフットボールの試合で, それまでの状況がどうあろうと, 「最後の第4クォーターは絶対にとる」という意味で使う. 第4クォーターが始まる前に選手やファンが4本の指を立てるのは, これを意味している.

rabbit ウサギ

down the [a] rabbit hole

〔ウサギの穴に落ちて〕非常に不思議な体験をして；ますます奇妙な展開になって；最初のテーマからどんどんはずれて.

◆英国の数学者・作家のルイス・キャロル (Lewis Carroll) の『不思議の国のアリス』(*Alice's Adventures in Wonderland*, 1865) で，アリスがウサギの穴に落ちて，不思議な体験をすることから生まれた慣用句.

First catch your rabbit. → first の項を参照.

If you chase two rabbits, you will not catch either one.

二兎を追う者は一兎をも得ず.

◆ヨーロッパ語から翻訳されたことわざ. If you chase two rabbits, you will catch neither one. ともいう.

Rabbit, rabbit, rabbit

ウサギ，ウサギ，ウサギ.

◆幸運をもたらすおまじないの言葉. 新しい月になった最初の朝に目覚めたときにこうとなえると，その月はずっと運がいいとされる.

---

rabbit と hare

日本語のウサギは，英語では rabbit と hare /héər/ と使いわける. frog と toad の場合と違い，これらは別の種に属する動物で，rabbit は地下に穴を掘って巣をつくるため，アナウサギと呼ばれ

る．ペットとして飼われているのはこれを家畜化したもので，イエウサギまたはカイウサギという．hare は地上に巣をつくって生活するので，ノウサギという．rabbit よりも体がやや大きく，耳も長い．ちなみに，『イソップ寓話』(*Aesop's Fables*) の「ウサギとカメ」は "The Tortoise and the Hare" という．

race 競走（する）；競争（する）

The race is not to the swift.

〔競走は速い者に行かない〕足の速い者が競走に勝つのではない．

◆旧約聖書の「コヘレトの言葉」9 章 11 節 (Ecclesiastes 9:11) にある言葉．その箇所の記述は次のとおり．

I returned, and saw under the sun, that the race is not to the swift, nor the battle to the strong, neither yet bread to the wise, nor yet riches to men of understanding, nor yet favour to men of skill; but time and chance happeneth to them all.

太陽の下，再びわたしは見た．／足の速い者が競走に，強い者が戦いに／必ずしも勝つとは言えない．／知恵があるといってパンにありつくのでも／聡明だからといって富を得るのでも／知識があるといって好意をもたれるのでもない．／時と機会はだれにも臨むが／人間がその時を知らないだけだ．

| rain 雨；雨が降る

Don't rain on my parade.

〔私のパレードに雨を降らせるな〕水を差すな.

◆せっかくいい気分でいるのに気分を悪くするような言動はするな，という意味の常套句. 米国のミュージカル (1964) およびその映画化作品『ファニー・ガール』(*Funny Girl*, 1968) の挿入歌「パレードに雨を降らせないで」の原題にも使われている.

Into every life some rain must fall.

どんな人生にも少しは雨が降るものだ.

◆米国の詩人ロングフェロー (Henry Wadsworth Longfellow) の詩「雨の日」("The Rainy Day") の第3連 (the third stanza) に出てくる言葉. その連は以下のように続く.

> Be still, sad heart! and cease repining / Behind the clouds is the sun still shining / thy fate is the common fate of all / Into each life some rain must fall / Some days must be dark and dreary.

> とまれ，悲しみの心よ，嘆くのはやめよ／雲の裏ではまだ太陽が輝いている／そなたの運命はすべての人の共通の運命だ／どんな人生にも少しは雨が降るものだ／暗く憂鬱な日もある.

Neither rain nor snow

雨にも，雪にも（負けず）.

◆米国の郵便配達人のモットーとして知られる言葉 Neither rain, nor snow, nor sleet, nor hail shall keep the postmen from their appointed rounds. (雨にも，雪にも，みぞれにも，あられにも負けず，郵便配達人は担当区域を回る) の出だしの文句. もとは古代ギリシャの歴史家ヘロドトス (Herodotus) が紀元前5世紀のギリシャ・ペルシャ戦争でペルシャの騎馬郵便配達夫について語った言葉 Neither snow, nor rain, nor heat, nor gloom of night stays these courageous couriers from the swift completion of their appointed rounds. (雪にも，雨に

も，暑さにも，夜の暗闇にも負けず，これらの勇敢な配達夫は受けもちの配達を素早く完了する）で，1914 年に建設されたニューヨーク市中央郵便局の外壁にこの言葉が刻まれたことから旧米国郵便省（United States Post Office Department），現在の米国郵政公社（United States Postal Service, USPS）のモットーのようになった．宮澤賢治の「雨ニモマケズ」の出だしがこの文とよく似ているのは偶然なのかどうかについては不詳．

No rain, no rainbow.

雨が降らなければ虹は出ない．

◆「苦あれば楽あり」に近い意味のことわざ．After the rain comes a rainbow.（雨のあとに虹が現れる）などともいう．

Rain, rain, go away.

雨，雨，立ち去れ．

◆伝承童謡（nursery rhyme）の題名およびその出だしの文句．Come again another day.（ほかの日にまた来なさい）と続く．

The rain in Spain stays mainly in the plain.

スペインの雨はおもに平野にとどまる．

◆アイルランドの劇作家ジョージ・バーナード・ショー（George Bernard Shaw）の劇『ピグマリン』（*Pygmalion*, 1913）を原作とするミュージカル（1956）およびその映画化作品『マイ・フェア・レディ』（*My Fair Lady*, 1964）で，主人公のイライザ（Eliza）がいうせりふ．/ei/ の発音を /ai/ と発音するロンドンの下町なまりコックニー（cockney）を直すための練習文で，劇中歌 "The Rain in Spain" の歌詞にも使われている．この歌には /h/ を発音しないコックニーを直すため

の練習文, In Hertford, Hereford and Hampshire, hurricanes hardly ever happen. (ハートフォード, ヘレフォード, そしてハンプシャーではハリケーンはめったに起こらない) も出てくる.

rainbow 虹

Life isn't all sunshine and rainbows. / Life isn't all rainbows and unicorns. → life の項を参照.

somewhere over the rainbow
虹の向こうのどこかに.
◆現状では望みがかなわなくても, 世界のどこかにはそれがかなう場所があるはずだ, という意味の常套句. 米国映画『オズの魔法使い』(*The Wizard of Oz*, 1939) の挿入歌「虹の彼方に」("Over the Rainbow") の一節から.

ready 用意して；準備ができて

Let's get ready to rumble!
戦う用意をしよう.
◆リング・アナウンサーのマイケル・バッファー (Michael Buffer) が試合開始前にいうせりふ. 一般に, 格闘技の試合開始前によく使われる. 転じて,「準備はいいか. さあ始めよう」という意味でも使う.
Ready, Freddy [Freddie]?
フレディー, 用意はいいかい.
◆Are you ready? の意味の常套句. ready と韻を踏む Freddy [Freddie] を加えた言葉遊びだが, 英国のロックバンド, クイーン (Queen) のドラマー, ロジャー・テイラー (Roger Taylor) がリードボーカルのフレディー・マーキュリー (Freddie Mercury) にこう声をかけたことから一般に広まったという. 彼らの歌 ("Crazy Little Things Called Love") の歌詞にも Until I'm ready (ready Freddie) として

使われている．なお，ready as Freddy [Freddie] は「すっかり準備が
できて」という意味の慣用句．

reputation 評判

All you have is your reputation.

人は評判がすべてだ．

◆特にビジネスの世界でよく使われる常套句．

I have a reputation to protect.

〔私には守るべき評判がある〕世間体というものがあるからね；そんなこと
をしたら沽券にかかわる．

◆自分の評判を落とすようなことはできない，という意味．I have a
reputation to maintain. (私には維持すべき評判がある) ともいう．

Your reputation precedes you.

〔あなたの評判はあなたに先行している〕あなたは話題の人ですから．

◆実際に会うのは今が初めてだが，「あなたの評判はいろいろ聞いて
いる」という場合に使う常套句．Your reputation has preceded you.
と現在完了形を使うこともある．これから会うことになる第三者につ
いては，His [Her] reputation precedes him [her]. (いろいろ評判の人
だ) という．

resistance 抵抗

Resistance is futile.

抵抗は無意味だ．

◆米国のテレビドラマ『スタートレック』(Star Trek) に登場する悪の
種族ボーグ (Borg) がいうせりふとして有名．ボーグの言葉としては
You will be assimilated. (おまえたちを同化する) も広く知られる．

| rich　金持ちの；[riches] 富

It's too rich for my blood.

〔それは私の血には豊かすぎる〕それは私には豪華［贅沢，派手］すぎる.

◆自分の好みに合わないときに使う.

poor little rich boy [girl]

かわいそうな金持ちの少年［少女］.

◆非常に恵まれた境遇にいながら不満をいう若者について批判的に使う常套句.

Riches have wings.

〔富は翼をもっている〕富は失いやすい.

◆Money has wings. とほぼ同じ意味のことわざ. 旧訳聖書の「箴言」23章5節 (Proverbs 23:5) にある次の言葉から.

> Wilt thou set thine eyes upon that which is not? for riches certainly make themselves wings; they fly away as an eagle toward heaven.
>
> 目をそらすや否や，富は消え去る. ／鷲のように翼を生やして，天に飛び去る.

You can never be too rich or too thin.

金がありすぎたり，やせすぎたりすることはない.

◆英国のウィンザー公爵夫人ウォリス・シンプソン (Wallis Simpson, Duchess of Windsor) の言葉とされる. お金はありすぎて困ることはないし，女性はやせていて困ることもない，という意味で，You can never be too thin or too rich. ともいう. ちなみに，エドワード王太子，のちの国王ジョージ8世 (King Edward VIII) は彼女のとりこになり，彼女と結婚するために1936年に退位して，ウィンザー公爵 (Duke of Windsor) となった.

riddle　なぞ；なぞなぞ；（人の）なぞなぞを解く

a riddle wrapped in a mystery wrapped in an enigma

不可思議に包まれたミステリーに包まれた謎.

◆ さっぱりわけがわからないものや人をいう. 英国首相ウィンスト
ン・チャーチル（Winston Churchill）がロシアについて語った言葉か
ら. a riddle, wrapped in a mystery, inside an enigma ともいう.

Riddle me, riddle me, ree.

私のなぞなぞ解けるかな.

◆ なぞなぞ遊びの伝承童謡の出だしの文句. よく知られているのは次
のもので, 答えは cherry（サクランボ）.

> Riddle me, riddle me, ree; / A little man in a tree; / A stick in
> his hand, / A stone in his throat, / If you tell me this riddle, I'll
> give you a groat.
>
> 私のなぞなぞ解けるかな. ／小さな男が木にひとり, ／手には棒
> があって, ／のどには石, ／もしこのなぞなぞが解けたら, あな
> たにグロート銀貨をあげる.

Riddle me this [that].

私のこの［その］謎を解けるか.

◆ 相手の痛いところを突くような鋭い質問をするときに Riddle me
this. といい, そのような質問をしたあとに Riddle me that. という.
米国のコミック・テレビ・映画の『バットマン』（*Batman*）に登場す
るリドラー（The Riddler）の決まり文句 Riddle me that, Batman.（私
のその謎を解いてみろ, バットマン）から.

ride　乗る（こと）

Dress for the slide, not the ride.　→ dress の項を参照.

ride or die

〔乗るか死ぬか〕どこまでもついていく，死なばもろとも，一蓮托生．

◆ride till the end or die trying（最後まで乗るか，その途中で死ぬか）を縮めた表現で，もとはギャングにどこまでもついていく恋人を指して使われたものという．現在では，「どんなことがあろうと見放さず，とことん忠誠を尽くす；心中覚悟でついていく」という意味の動詞，またはそのような態度を意味する名詞・形容詞として広く使われる．

right 正しい；ふさわしい；右（の）；権利

All right for you!

もういいよ．

◆遊び友だちに対して怒った子どもがよくいう．

It's never too late to do the right thing.

〔正しいことをするのに遅すぎることはない〕過ちをあらたむるにはばかることなかれ．

◆常套句．

Right you are.

わかった，合点だ；そのとおり，それはそうだ．

◆相手の依頼などに快く応じる場合，または相手の発言に同意する場合に使う．How right you are. や So right you are. などともいう．

The right man [woman] will come along.

自分にふさわしい人が現れるよ．

◆独身者を励ます意味でよくいわれる．

You got that (one) right.

まさにそのとおり．

◆相手の発言を強く肯定する表現．

　　Ex. "I apologize. I was out of line." "You got that right."
　　　「謝ります．私が口だしすべきことではありませんでした」「そういうことね」

road 道；道路

It's the end of the road. → end の項を参照.

I've been down on that road.

〔私はその道をとおった〕それは私にも経験がある.

◆I've been there. とほぼ同じ.

What happens on the road stays on the road. → happen の
項の What happens in Vegas stays in Vegas. を参照.

when the rubber meets the road

〔ゴムが道路にあうときに〕いざ本番になったら.

◆計画や理論などが実際に運用される段階をいう. 自動車のタイヤが
道路の路面に接するとき, ということから. where the rubber meets
the road (ゴムが道路にあうところで) や when [where] the rubber
hits the road ともいう.

rose バラ

I never promised you a rose garden.

私はあなたにバラの庭園を約束したことはない.

◆「この仕事が楽だなどといったことはない」というような場合に使
う常套句. 1970 年にリン・アンダーソン (Lynn Anderson) が歌っ
てヒットしたカントリーソングの題名にも使われている. "Rose
Garden" または "(I Never Promised You A) Rose Garden" と題さ
れたこの歌には, ほかにも常套句やことわざがいくつも出てくる.

sad 悲しい

sad boi / sad girl

感傷的な少年／感傷的な少女.

◆人生に対して悲観的で感傷的な若者をさす俗語. そのような若者が特に感傷的になる, 通例, 深夜の時間帯を sad boi [girl] hours といい, 彼 [彼女] らがかもしだす雰囲気を sad boi [girl] vibes という. sad boi は sad boy のつづり変えで, sadboi と 1 語につづることもある.

say いう, 話す

Say it, don't spray it.

〔それをいえ, まきちらすな〕つばを飛ばすな.

◆相手がしゃべっていてつばを飛ばしたときにいう.

The less said the better.

〔より少なくいうほうがよい〕いわぬが花.

◆それについてはいわないほうがよいだろう, というときに使う常套句.

You're not just saying that?

ただそういっているだけじゃないの？

◆お世辞などでなくて, 本心からそういっているのか, と尋ねる表現.

  Ex. "You look beautiful." "Really? You're not just saying that?"
    「奇麗だよ」「ほんと？ お世辞じゃなくて？」

school　学校

Don't tell tales out of school.

学校の外でうわさをするな.

◆人の秘密を口外したり, うわさを広めたりするな, という意味の常套句. 学校で見聞きしたほかの子の悪い話などを家族や先生などにいうな, ということから. Never tell tales out of school. や Don't [Never] talk out of school. ともいう.

Every day is a school day.

〔毎日が学校のある日だ〕人生, 毎日が勉強だ.

◆You learn something new every day. とほぼ同じ. school day は「学校のある日」という意味だが, school night は「学校のある日の前の晩」を意味するので注意. 子どもが夜にどこかに遊びにいこうとすると, 親は It's a school night. (あした学校があるんだよ) などと注意する.

When I was a kid, I walked to school uphill both ways.

私が子どものころは学校に通うのに行きも帰りも丘をのぼったよ.

◆今の若い子たちとは違って, 昔は大変な苦労した, という意味で使う誇張表現.

scratch　こする, かく, ひっかく

Scratch that.

〔それはこすって消せ〕今のはなしね. 前言撤回.

◆Check that. ともいう (check の項を参照).

  Ex. I'll have coffee. No, scratch that. I'll have tea.

    コーヒーをください. いや, やっぱり紅茶にします.

Scratch your own itch.

自分のかゆいところをかけ.

◆自分が不満に思っていたり，不便に思っていたりするものは，ほかの人も同じように思っているはずだから，それを解決すればビジネスになる，という意味の常套句．SYOI と略される．

see 見る；会う；わかる

I see London, I see France.

私はロンドンが見える，フランスが見える．

◆誰かの下着のパンツが見えたときにいう．子どものはやし言葉，I see London, I see France, I see *someone's* underpants!（ロンドンが見える，フランスが見える，...のパンツが見える）から（someone's の部分には当事者の名前がはいる）．

I see, said the blind man.

私は見える，と盲目の男がいった．

◆see のふたつの意味「見る，見える」と「理解する，わかる」をかけたジョーク．「私にはなんのことかわからない」という意味で使う場合と，最初わからなかったがしばらくしてから「ああ，やっとわかった」という意味で使う場合がある．

(I'll) see you in the funnies.

新聞の漫画欄で会いましょう．

◆別れる際の滑稽なあいさつ．あなたみたいなおもしろい人は新聞の漫画に出るでしょう，または，あなたと会うのは新聞の漫画欄を読むように楽しい，ということを意味しているらしい．(I'll) see you in the funny paper(s). ともいう．

I'll see you when I see you.

〔あなたに会うときに会おう〕そのうち会おう．

◆お互いの都合が合わなくて再会の日時が決まらないとき，「いつかまた会おう」という意味で使う．

See what I did there?

私がそこで何をしたかわかるか.

◆ だじゃれやジョークをいったあとに,「ちゃんと理解したか」という意味でたずねる表現.

See what you made me do?

〔あなたが私にさせたことが見えるか〕おまえのせいでこんなことしちゃったじゃないか.

◆ 自分の不始末などを人のせいにする表現で, 家庭内暴力をふるう側もよくこういう. Look what you made me do! ともいう.

See you on the other side.

向こう側で会おう.

◆ 最後の別れになるかもしれないような重大な局面で,「また無事に再会しよう」または「あの世で会おう」という意味で使うことが多い. 1968 年 12 月のアポロ 8 号が月の裏側を回る前に, ジェームズ・ラベル (James Lovell) 宇宙飛行士が We'll see you on the other side. (向こう側で会おう) といったことからとされる.

There's none so blind as those who will not see.

見る意思をもたない人ほど目の見えない人はいない.

◆ 事実を見ようとしない人には何をいっても無駄だ, という意味のことわざ. hear の項の There's none so deaf as those who will not hear. を参照.

You have to see it to believe it.

〔それを信じるためには見なくてはならない〕自分の目で見ない限り信じられないだろうね.

◆ 容易には信じてもらえないような話をするときに使う.

You see what you want to see.

人は見たいものを見る.

◆ You see what you want to see, and hear what you want to hear. (人は見たいものを見て, 聞きたいことを聞く) と続けることも多い.

shake　振る；揺する

Shaken, not stirred.

かき混ぜずにシェイクして；ステアじゃなくシェイクで.

◆英国のスパイ映画『007』（英語は double-o-seven と読む）シリーズ
でジェームズ・ボンド（James Bond）がマティーニ（Martini）を注
文するときの決まり文句. マティーニ愛好者によると, シェイクする
よりもかき混ぜる（ステアする）ほうがよいようだ. なお, ボンドが
名前を名乗るときのせりふ, My name is Bond, James Bond.（私の
名前はボンド, ジェームズ・ボンドです）も有名.

ship　船；発送する

A little leak will sink a great ship.

〔小さな漏れが大きな船を沈める〕千丈の堤もアリの一穴から.

◆小さな問題を放置しておくと, いつか大惨事を引き起こす, という
意味のことわざ. An ant may well destroy a whole dam.（ant の項を
参照）とほぼ同じ.

The ship has (already) sailed.

〔船は（もう）出航してしまった〕今さらいっても遅い.

◆以前ならチャンスはあったが今はもうない, という場合に使う.
That bird has flown.（その鳥は飛び去った）もほぼ同じ.

shirt　シャツ　　shirtsleeve　シャツの袖

(From) shirtsleeves to shirtsleeves in three generations.

〔三代でシャツの袖からシャツの袖まで〕売り物と唐様で書く三代目.

◆一代で築いた富は三代目にすべてなくなる, という意味のことわざ.
実際に, 一代で築いた富が三代目まで維持される例は1割にも満た
ないのが世界的な傾向だという. shirtsleeves（shirt sleeves ともつづ

る）は「シャツの袖」の意で，上着を着ていないことを暗示する．イギリス英語では (From) clogs to clogs in three generations. (三代で木靴から木靴へ) ともいう．

Near is my shirt, but nearer is my skin.

〔シャツは近いが，肌はもっと近い〕背に腹は代えられない，御身大切だ．
◆ ことわざ．

| shoe 靴

Daddy needs (new) shoes.

〔おとうちゃんは（新しい）靴が必要なんだ〕お願いしますよ．
◆ サイコロ賭博のクラップス（craps）などで，サイコロを振る前に「どうか勝って（新しい）靴が買えますように」という意味でとなえるおまじないの言葉．Daddy needs a new pair of shoes. ともいう．女性の場合は Mama needs (new) shoes. / Mama needs a new pair of shoes. という．

Put yourself in my shoes.

〔私の靴を履いてみなさい〕私の身にもなってよ．
◆ Put yourself in my place. に同じ．

There was an old woman who lived in a shoe.

靴の中に住んでいたおばあさんがいました。

◆ 伝承童謡（nursery rhyme）の題名およびその出だしの言葉．一般に知られた文句は次のように続く．

> There was an old woman who lived in a shoe. / She had so many children, she didn't know what to do. / She gave them some broth

without any bread; / Then whipped them all soundly and put them to bed.

靴の中に住んでいたおばあさんがいました．／子どもが大勢いて，どうしていいかわかりませんでした．／パンなしで肉汁を少し与えました．／それから全員をしっかりむち打ち，寝かせつけました．

shoot 撃つ；射る；シュートする

He shoots, he scores! / She shoots, she scores!
シュートしました．ゴールです．
◆スポーツやゲームで，誰かがシュート・射撃して得点したときにいう．自分がそうしたときに使うこともある．

Once, twice, thrice, shoot. / One, two, three, shoot.
1，2の，3．
◆手の指を使ったゲームのモーラ（morra）をやるときのかけ声．ふたり以上が集まって，このかけ声をかけて一斉に任意の数の指（グーは0，パーは5）をだすと同時に0から5の倍数までの数をいい，指の総数がいくつになるかを当てる．

Shoot for the stars.
〔星を狙って撃て〕目標を高くもて，大志をいだけ．
◆Aim high. とほぼ同じ．Shoot for the sky [moon].（空［月］を狙って撃て）ともいう．

Shoot me.
私を撃ちなさい．
◆ひどく落胆することがあって，もう生きる気力がないから，「いっそのこと撃ち殺してくれ」という場合に使う誇張表現．また，「煮るなり焼くなり，好きにしてくれ」という場合，さらには「そんなに私のことが気に入らないのなら撃ち殺したらいいじゃないか」などとい

う場合にも使う．最後のケースでは，Sue me.（私を訴えなさい；悪かったね）とほぼ同じ．

short　短い；足りない

Someone is A short of B.

〔…はBのAが足りない〕ちょっと頭が弱い．

◆日本語の「頭のねじがはずれている」に相当する比喩表現．このパターンのAの部分にくる名詞はBを構成するものの一部で，one brick short of a (full) load（積み荷のレンガがひとつ足りない），one egg short of an omelet（オムレツの卵がひとつ足りない），several cards short of a (full) deck（ひとそろいのトランプの札が数枚足りない），a few sandwiches short of a picnic（ピクニックのサンドイッチがすこし足りない）など，さまざまなバリエーションがある．また，short の代わりに shy も使われる．

show　見せる；教える；見える；見世物；ショー

Show, don't tell.

示せ，語るな．

◆作家志望の人に対する助言で，登場人物の心境などを説明するのではなく，その発言やしぐさなどを描写して読者に提示しなさい，という意味．

Show up, shut up, and keep up.

行って，黙って，遅れずについて行く．

◆ゴルフのキャディーの心得．

That's show business (for you).

〔それがショービジネスだ〕世の中そんなものだ．

◆That's the way the cookie crumbles.（それがクッキーのくずれかただ）などとほぼ同じ意味の常套句．自分の思いどおりにならなかった

ときによく使われる.

(There's) no show without Punch.

〔パンチがいないと見世物にならない〕目玉がいないと始まらない.

◆興行や企画などを実施するなら,人を呼べる主役や目的が必要だ,という意味のことわざ.この Punch は英国の伝統的な人形劇「パンチとジュディー」(Punch and Judy) の主人公で,気性が荒く,すぐに手を出す (Judy はその妻).

shower シャワー

Take a cold shower.

冷たいシャワーを浴びなさい.

◆性的欲求がたまっているような人に対して,「頭を冷やしてきなさい」という意味で使う.Go take a cold shower. ともいう.

shut 閉じる;閉める

Shut up!

黙れ;まさか;うそっ;またまた.

◆「黙れ,うるさい」という意味だけでなく,相手の発言が信じられないようなときに「まさか」(No way! / Get out!) の意味でも使う.「黙れ,うるさい」の意味では,Shut it. ともいう.

Shut up and keep talking.

〔黙って話し続けろ〕余計な話はいいから,肝心なことをいえ.

◆枝葉末節の話については shut up して,本筋の話については keep talking しろ,という意味の常套句.

sin (宗教的な)罪,罪悪

Hate the sin, love the sinner.

〔罪を憎んで罪人を愛せ〕罪を憎んで人を憎まず.

◆日本語にもなっている常套句. Hate the sin, and [but] love the sinner. や Hate the sin, (but) not the sinner. (罪は憎んでも罪人を憎むな), Love the sinner, (and [but]) hate the sin. (罪人を愛し, 罪を憎め) などともいう. これらの句では sin, sinner の代わりに crime, criminal も使われる.

Poverty is not a sin. / Poverty is no sin.

貧困は罪ではない.

◆貧困はさげすむことでも, 恥じることもでもない, という意味の常套句. Poverty is not a crime. / Poverty is no crime. ともいう.

The sins of the fathers are visited upon the children.

〔父親たちの罪が子どもたちにおとずれる〕親の因果が子に報いる.

◆旧約聖書に由来することわざ. 「出エジプト記」34 章 7 節 (Exodus 34:7) と「民数記」14 章 18 節 (Numbers 14:18) が出典. 後者の記述は次のとおり.

> The Lord is longsuffering, and of great mercy, forgiving iniquity and transgression, and by no means clearing the guilty, visiting the iniquity of the fathers upon the children unto the third and fourth generation.

> 主は, 忍耐強く, 慈しみに満ち, 罪と背きを赦す方. しかし, 罰すべき者を罰せずにはおかれず, 父祖の罪を子孫に三代, 四代までも問われる方である.

The wages of sin is death.

罪の報酬は死だ.

◆罪深い生活を送っていると死期が早まるなど, 好ましくない結果が待ち受けている, という意味のことわざ.

sing 歌う

sing like a bird

〔鳥のように歌う〕歌がうまい；(犯罪者が) ぺらぺらしゃべる.

◆米国の警察ドラマなどでは，「犯罪者が犯罪事実や共犯者などについて進んで白状する」という意味でよく出てくる．sing like a canary (カナリアのように歌う) も同じ意味の常套句．「歌がうまい」の意味では sing like a nightingale (小夜啼鳥のように歌う) ともいう.

sit 座る；腰掛ける

A and B are sitting in a tree.

…と…が木に座っている.

◆英米の子どもが仲のよい男女などをからかうときのはやし歌 "K-I-S-S-I-N-G"（発音はアルファベットどおり）の出だしの文句．A, B の部分には具体的な男女の名前がはいる（順序は決まっていない）．さまざまなバージョンがあるが，一般的なのは次のとおり.

> Jack and Jill are sitting in a tree, / K-I-S-S-I-N-G! / First comes love, then comes marriage, / then comes the baby, in a baby carriage!
>
> ジャックとジルが木（の枝）に座って，／チュッチュッしてる！／愛が生まれて，結婚だ，／そしたら赤ちゃんが乳母車に乗ってやってくる！

Sitting will kill you.

〔座ることはあなたを殺す〕座りっぱなしだと寿命が縮むよ.

◆常套句．kill の項の … will kill you. を参照.

Where you stand depends on where you sit.

どこに立つかはどこに座るかによる.

◆政策や社会問題に対してどういう見解をもつかは，それが自分にどう影響するかによる，という意味．米国の官僚ルーファス・マイルズ

(Rufus Miles) の言葉で,「マイルズの法則」(Miles's Law) と呼ばれる.

six 6；6 時；6 時の方向，（自分の）背後

(I'm) on your six.

〔あなたの背後にいます〕私もすぐ続いて行きます.

◆この six は「6 時の方向，背後」を意味し，(I'm) right behind you. と同じで，相手のあとにすぐ続いて行くときの表現. 米国のテレビドラマ『NCIS ネイビー犯罪捜査班』(*NCIS*, 1990-2010; 2022-) では，特別捜査官のディノッゾ (DiNozzo) が On your six, boss. とよくいう. なお，On my six. (自分のうしろにいろ) などの表現もある.

six feet under

〔6 フィート下で〕死んで (dead).

◆6 フィート（約 1.8 m）は墓穴の深さで，遺体をこの深さに埋めるとにおいが地面までとどかず，動物に掘り返されないのだという.

Watch your six.

〔背後を警戒しろ〕気をつけろ.

◆Watch your back. に同じで，うしろから襲われるかもしれないから油断するな，という意味の忠告.

時刻による方向表現

日本語と同じように，英語でも時計の針の軸を中心として文字盤の位置で方向を表現する. 12 時，3 時，6 時，9 時がそれぞれ正面，右横，真後ろ，左横で，「2 時の方向を見て」は Look at your two o'clock. という. 会話では，"Where is Agent Gibbs?" "Your two o'clock." (「ギブズ捜査官はどこ？」「君の 2 時の方向だよ」) のように前置詞を省略することが多い.

sleep　眠る；眠り

Don't lose any sleep over it.

〔そのことで少しでも眠りを失うな〕そんなこと気にするな.

◆それについてあれこれ考えて眠れなくなったりするな, という意味
の常套句.

Sleep is the best medicine.

睡眠は最良の薬.

◆健康を保つには十分な睡眠をとることが大切だ, という意味のこと
わざ.

sleep one's **way to the top**

寝てトップにのぼり詰める.

◆会社や組織の有力者とセックスして出世することをいう.

You can sleep when you die.

死ねば寝られる.

◆生きている間は起きてやることがいっぱいある, という意味の常套
句. You can sleep when you're dead. ともいう.

smell　においをかぐ；におう；におい

He who smelt it dealt it.

〔そのにおいをかいだ者がそれをだした〕くさいといったやつが犯人だ, い
いだしっぺだ.

◆この it は fart (おなら) を指し, 誰かが Did someone just fart? (誰
かおならをしなかったかい?) や Who cut the cheese? (誰だい, おな
らをしたのは?) などといったとき, 近くにいる人がすかさずこうい
う (相手が女性の場合は She who smelt it dealt it.). 転じて, 不都
合なことに最初に言及した人がその原因だ, という場合にも使う.
smelt it と dealt it が韻を踏んでいることに注意. 同じ意味で,

Whoever smelt it dealt it. (そのにおいをかいだ者がそれをだした), If you smelt it, you dealt it. (おまえがそのにおいをかいだのなら，おまえがだしたのだ), He [She] who observed it served it. (それを観察した者が提供した者だ), He [She] who detected it ejected it. (それを感知した者が放出した者だ) などともいう．すると，そういわれた相手はさらに，He [She] who said the rhyme did the crime. (韻を踏んでいった者が犯罪をおかした者だ) などと相手のせいにする．これらの句にはさまざまなバリエーションがあるが，つねに韻を踏んだ文で相手のせいにする内容になっている．なお，相手が「自分じゃない」と否定したときは，He [She] who denied it supplied it. (違うといったやつが犯人だ) などという．

Ex. 1. "Did someone just fart?" "He who smelt it dealt it."

「誰か，おならしなかったか？」「それはいいだしっぺのおまえだろう」

Ex. 2. "Didn't you just fart?" "No, I didn't." "He who denied it supplied it." " He who said the rhyme did the crime."

「おまえ，おならしなかったか？」「してないよ」「否定するところを見るとあやしい」「そういうやつこそあやしい」

(I'll) smell you later.

〔あとで君のにおいをかぐよ〕じゃあね．

◆See you later. の意味のくだけた表現．しばしば I'll smell ya later. と発音される．

| **smile** ほほえむ；ほほえみ；笑顔 |

A man without a smiling face must not open a shop.

笑顔のない男は店をひらくべきでない．

◆商売を成功させたければ愛想をよくしないといけない，という意味の常套句．

A smile is contagious.

笑顔は伝染する.

◆Happiness is contagious.(幸せは伝染する)と同様の常套句（happiness の項を参照）.

A smile is worth a thousand words.

ひとつのほほえみは千語の価値がある.

◆うれしそうな表情は何ものにもかえがたい力がある，という意味のことわざ.

Smile and the world smiles with you, cry and you cry alone.

あなたがほほえむとき世界も一緒にほほえむ.あなたが泣くときはひとりで泣く.

◆米国の作家スタンレー・ゴードン・ウェスト (Stanley Gordon West) の言葉で，明るく朗らかな人のところにはみなが寄っていくが，悲しそうにしている人は敬遠される，という意味のことわざとして用いられる.When you smile, the whole world smiles with you. (When you cry, you cry alone.) ともいう.大もとの出典は，米国の詩人エラ・ウィーラー・ウィルコックス (Ella Wheeler Wilcox) の詩 "Solitude"(「孤独」)の出だし，Laugh, and the world laughs with you; weep, and you weep alone.(あなたが笑うと世界中があなたとともに笑い，あなたが泣くときはひとりで泣く).

smoke 煙；タバコを吸う

Big Smoke

〔大きな煙〕霧の都.

◆英国のロンドン London の異名.産業革命で工場が林立し，家庭でも暖房用に石炭を大量に燃やしたことからこの名がついた.通例 the をつける.

Smoking will kill you.

〔喫煙はあなたを殺すだろう〕タバコは寿命を縮めるよ.

◆常套句. kill の項の … will kill you. を参照.

What are you smoking?

〔何を吸っているのか〕頭は大丈夫か.

◆そんなばかげたことをいうなんて,麻薬でも吸っているのじゃない
か,ということから. What have you been smoking? ともいう. sun
の項の What color is the sun in your world? を参照.

snow 雪;雪が降る

(as) white as snow

雪のように白い.

◆常套比喩表現. グリム童話 (*Grimm's Fairy Tales*) の白雪姫 (Snow
White) の名はこの句にちなむ. 物語の冒頭,王妃が雪の降る日に窓
をあけて縫い物をしていて,針を指にさしてしまい,血が3滴雪に
落ちた. そこで,「肌が雪のように白く,唇が血のように赤く,髪が
黒檀のように黒い女の子がほしい」("How I wish that I had a
daughter that had skin as white as snow, lips as red as blood and
hair as black as ebony.") と願ったところ,その願いがかなって白雪
姫が生まれる.

Don't eat yellow snow.

黄色い雪は食べるな.

◆子どもに対する注意で,黄色い雪は誰かが小便をところだから食べ
るな,という意味. Never eat yellow snow. ともいう.

There may be snow on the rooftop but there is fire in the furnace.

〔屋根の上には雪があるかもしれないが,暖炉には火がある〕老いてますます盛
ん.

◆特に性的な面について使うことが多い. fiddle の項の There's

many a good tune played on an old fiddle. を参照.

Where are the snows of yesteryear?

去年の雪はどこにあるのか.

◆15 世紀のフランスの詩人フランソワ・ヴィヨン (François Villon) の詩「いにしえの婦人たちのバラード」("Ballade des dames du temps jadis", 英語訳 "Ballad of the Ladies of Long Ago") の各連の最後にくり返される句. 過去への郷愁を表現するときに引用される. 原詩は伝説の美女を並べ, 彼女たちもいまはもうないとなげく内容. 日本語訳は鈴木信太郎による「こぞの雪いまはいづこ」が有名.

something 何か；あるもの；大した人物

Don't just do something; stand there.

ただ何かするんじゃなくて, そこに立ってなさい.

◆Don't just stand there; do something. (そこに突っ立ってないで, 何かしなさい) のもじり. ディズニーアニメ『不思議の国のアリス』(*Alice in Wonderland*, 1951) で, 白うさぎ (White Rabbit) がアリスにこういう場面がある.

Don't try to be something you're not.

〔自分ではない何かになろうとするな〕柄にもないことをしようとするな；自分らしくしていなさい.

◆Try not to be something you're not. ともいう.

Get yourself something nice. → get の項を参照.

Something is off.

何かおかしい, どこか変だ.

◆さまざまなことや状況について, 正常な状態ではないようだ, どうもしっくりこない, という場合に使う.

Something old, something new, something borrowed,

something blue
古いもの，新しいもの，借りたもの，青いもの．

◆結婚当日に花嫁が身につけると幸せになるとされるものを列挙した言葉．古い詩の一節で，全体は以下のとおり．

> Something old, something new, / something borrowed, something blue, / and a silver sixpence in her shoe.

> 古いもの，新しいもの，／借りたもの，青いもの，／そして彼女の靴には銀の6ペンス貨．

古いものは実家や過去とのつながりを，新しいものは新生活や将来への希望を，借りたものは幸せな結婚生活を送る家族や友人の幸運の継承と，その人たちが頼れる存在であることを，青いものは愛と貞節を，そして銀の6ペンス貨は経済的安定を象徴しているという．米国のテレビコメディー『フレンズ』(*Friends*, 1994-2004) の最終第10シーズン12話では，雪の降る通りで結婚式を挙げるフィービー (Phoebe) がコートを脱いでウェディングドレス姿になると，「そんな格好じゃ寒くないかい」とチャンドラー (Chandler) が心配するが，フィービーは I don't care. I'll be my something blue. (かまわないわよ．私が青いものになるから) という場面がある．

S

| son 息子

A son is a son until he takes a wife.
息子は妻をめとるまで息子だ．

◆男性は結婚して自分の家庭をもつと，実家と縁が遠くなるという意味の常套句．しばしば，A son is a son until he takes a wife. A daughter is a daughter all of her life. と対句のようにして使われる．

| sorry 気の毒に思って；申しわけない；残念で；後悔して

(I) couldn't be sorrier.
〔これ以上申しわけないと思うことはできない〕申しわけない限りです；残念

でたまらない.
◆I'm sorry. を強調した表現.

Say you're sorry, and mean it (too).

ちゃんと心をこめて，ごめんなさいといいなさい.
◆子どもをしかる母親がよくいう言葉.

Sorry about that, Chief.

それはすいません，チーフ.
◆米国のテレビコメディー『それ行けスマート』(*Get Smart*, 1965-70) で主人公のスマートがどじをして上司にわびる言葉（日本語版は「すいません，チーフ」). (I'm) sorry about that. は「それについては申しわけありません」という意味.

Sorry doesn't cut it.

すいませんじゃすまない；謝ってすむ問題ではない.
◆cut it は「目的を達する；十分な効果を上げる」という意味で，Sorry isn't enough. に同じ. Sorry doesn't cover it. ともいう.

speak 話す

as we speak

〔私たちが話しているとき〕こうしている間にも；いま現在.
◆強調して even as we speak ともいう. うわさをしていた人が現れたときに As we speak. (話をすればなんとやらだ) ということもある.

I'm spoken for.

決まった相手がいるものですから.
◆デートに誘われて断るときなどに使う表現. デートに誘いたいと思う相手に，Are you spoken for? と聞くこともある.

Long time no speak.

久しぶり.

◆Long time no see.（久しぶり）にならったあいさつで，電話や E メールなどで使う．Long time no talk. ともいう．

The people have spoken.

〔人民は話した〕みんなの意見は見てのとおりだ．

◆選挙で特定の候補者や政党の勝利が決まったような場合や，その場にいる人たちの多数意見がはっきりしたような場合に使う．

start 出発する；始める；始まる；始まり

A good start is half the job done.

出だしがよければ仕事は半分終わり．

◆常套句．

I'm back where I started.

また振りだしに戻ってしまった；元の木阿弥だ．

◆I'm back to Square One. ともいう．

It's never too late to start.

始めるのに遅すぎることはない；思い立ったが吉日．

◆類似表現に It's never too late to start over.（やり直すのに遅すぎることはない）などがある．

Start by starting.

始めることから始めなさい．

◆新しいことをどうやって始めたらよいのかと迷っていないで，とにかく始めなさい，そうすればそのうちにわかってくる，という意味．

stay 留まる；そのままでいる

I should have stayed in bed.

寝ていればよかった．

◆こんなことになるのなら，寝ていたほうがましだった，というとき

に使う。I should have stood in bed. (ベッドに立っていればよかった)
ともいう.

Stay with me.

〔私と一緒にいなさい〕私の話を聞いてよ；しっかりして.

◆文字どおりの意味のほか，相手が自分の話をちゃんと聞いていない
ときや，瀕死の重傷をおって意識を失いかけているときに「しっかり
して」という意味で使う.

| **stick** 棒；突き刺す；突き出す；くっつく

hit with an ugly stick

みにくい棒でぶたれたよう.

◆「非常に不細工だ」という意味の侮蔑的な比喩表現. この hit は過
去分詞で，He looks like he's been hit with an ugly stick. (彼は不細
工なんてもんじゃない) などと使う.

stick it to the little guy

〔小さいやつにそれをくっつける〕弱い者いじめをする.

◆大企業などの強者が横暴にふるまい，弱者にしわ寄せさせるケース
に使うことが多い. この反対に，弱い者いじめを許さない，または弱
者の側に立つことを stick up for the little guy (小さい者のために立ち
上がる)，fight for the little guy (小さい者のために戦う) という.

Stick to what you do best.

自分がもっとも得意とするものを続けなさい.

◆「長所を伸ばせ」または「得意分野に集中しろ」という意味の常套
句.

| **street** 道，通り，街路

street angel (and) house devil

通りの天使で家の悪魔.

◆外面（そとづら）はすごくいいが，内面（うちづら）はひどい人を指す．street angel, house devil や street angel/house devil などともつづり，house devil (and) street angel の語順も使われる．ドイツ語からの翻訳借用といわれる．

The streets are paved with gold.

その通りは金で舗装されている.

◆簡単に成功できるような場所や地域を指す比喩表現.

student　生徒，学生；学習者；徒弟，弟子

The student has become the teacher [master].

〔生徒は教師になった〕弟子は達人になった.

◆何かを習い覚えようとしていた人がいまや一人前になった，もう教えることはない，というような場合に使う．The student becomes the teacher [master]. ともいう.

When the student is ready, the teacher [master] will appear.

〔生徒の準備ができたときに教師が現れる〕弟子の準備ができたとき，師が現れる.

◆仏教や道教の言葉とされることが多いが，確かな出典は不明.

success　成功

It's hard to argue with success.

〔成功と議論するのは難しい〕勝ち馬に乗れ，勝てば官軍.

◆成功している人やうまくいっている方法などには従ったほうがよい，という意味の常套句.

Success depends on your backbone, not your wishbone.

成功は自分の背骨にかかっていて，鳥の鎖骨にかかっているのでは

ない.

◆「成功をもたらすのは願望や運ではなく, 額に汗する努力だ」という意味のことわざ. wishbone は鳥の胸骨の前にあるふたまたの骨で, 鶏肉を食べたあと, 皿に残ったこの骨の両端をふたりで引き合って長いほうをとると願いごとがかなうとされている.

The road to success is paved with failure.

〔成功への道は失敗で舗装されている〕失敗は成功のもと.

◆数多くの失敗をかさねることで成功がある, という意味のことわざ. failure の項の Failure is the mother of success. を参照.

sun 太陽

Behind the clouds, the sun is shining.

雲の裏は太陽が輝いている.

◆Every cloud has a silver lining. (どの雲にも銀色の裏地がある; 苦あれば楽あり) とほぼ同じ意味のことわざ. rain の項の Into every life some rain must fall. を参照.

I want my place in the sun.

〔日の当たる場所がほしい〕いい思いをしたい.

◆幸運にあやかりたい, またはみんなの注目を浴びたい, という意味の常套句.

The sun will come out tomorrow.

太陽はあした顔をだすだろう.

◆そのうちに状況がよくなるだろう, という意味の常套句. ミュージカル『アニー』(Annie) の挿入歌 "Tomorrow" の歌詞の出だしにも使われている.

What color is the sun in your world?

〔君の世界では太陽は何色なのか〕頭は大丈夫か.

◆ばかなことをいった人に対して使う辛辣な修辞疑問 (rhetorical

question）で，意味としては What are you thinking?（一体，何を考えているのか）や What are you smoking? などとほぼ同じ（smoke の項を参照）．

where the sun doesn't shine

〔日の当たらないところで〕あそこに．

◆「肛門」または「膣」を意味する卑猥な比喩表現．Shove it where the sun doesn't shine.（そんなものはあそこに突っこめ：そんなのはクソくらえだ）などと使う．

take　とる；受けいれる，我慢する；意見，見解

How much can a man [woman] take?

〔男［女］はどれほど受けとれるか〕人には限度があるからね；我慢にもほどがあるよ.

◆ この状況は許容限度を超えている［超えていた］という意味で，職場の不当な扱いなどに対して我慢しきれずに反撃したり，そこをやめることにしたときなどに使うことが多い. How much can a guy [girl, person] take? ともいう（guy は男性，girl は女性の場合）. patience の項の There is a limit to patience. を参照.

It (really) takes me back. / That (really) takes me back.

〔それは（本当に）私を連れ戻す〕なつかしいな；昔を思いだすよ.

◆ It brings back memories. とほぼ同じ. It [That](really) takes me back to my high school days.（高校時代を思い出すよ）などともいう.

It takes as long as it takes.

〔それは時間がかかるだけかかる〕いつになるかわからない.

◆ どれくらい時間がかかるのか見当がつかない，というときの表現.

It's a lot to take in. / That's a lot to take in.

消化するのが大変だ；もて余すほどだ.

◆ ①情報量が多くて理解するのが大変だ，②衝撃的なことを聞いたり，経験したりして対処するのが大変だ，という場合に使う.

　　Ex. I know it's a lot to take in, but stay positive.

　　　　大変なことはわかっているけど，めげないでね.

Take it like a man.

〔それを男のように受けろ〕**男らしく我慢しろ.**

◆男ならどんなに困難な状況でも不平をいわずに受けいれろ，という教え. 米国の歌手シェール (Cher) ほか複数のミュージシャンの歌の題名にも使われている.

Take it outside.

〔それを外にもって行きなさい〕**外でやりなさい.**

◆室内でボール投げをしている子どもに母親がいったり，バーでけんかを始めそうな人たちにバーテンダーがいったりする. けんかの当事者たちは You wanna take this [it] outside? (外でけりをつけようか) といったりする. Take it somewhere else. (それはほかにもって行け: そういうのはほかでやってよ: そういうのはほかの人にいってよ) という表現もある.

Take one and pass it around [on, along].

1枚 [ひとつ] とって，次の人に回してください.

◆資料やキャンディーなどを配るときの表現. 教室でテスト用紙を前からうしろへと配るときなどは, Take one and pass it back. (1枚 [ひとつ] とって，うしろの人に渡してください) という.

take one for the team

〔チームのためにひとつ受ける〕**チームのために犠牲になる；みんなのために嫌な役を引き受ける.**

◆野球で，打者がインコースに来た球をよけずに死球になって出塁することから.

take things as they come

〔ものごとが来るままに受けとる〕**なりゆきにまかせる.**

◆人生にいろいろなことが起こるのは運命だと思い，それを受けいれるということ.

take to something like a duck [fish] takes to water

〔アヒル [魚] が水を好むように...を好む〕**水を得た魚のよう.**

◆日本語の慣用句によく似た常套比喩表現. ただし, 使いかたはすこし違って, 何かに夢中になってとりくみ, めきめき上達するような場合をいうことが多い. take to *something* は「何かを (習慣として) 始める, 好きになる, うまくこなす」という意味の慣用句.

Take what you can get.
〔手にはいるものはとっておけ〕もらえるものはもらっておけ.
◆I'll take what I can get. (いただけるものはいただいておきます) などともいう.

What's your take on this?
これをどう見ますか.
◆相手の見解をたずねる質問. 相手は My take is ... (私の見るところ...) などと答える.

Whatever it takes.
〔それが必要とするものすべて〕手段は選ばない；何がなんでもだ.
◆Do whatever it takes. という命令文の意味でも, また I'll do whatever it takes. という自分の意思表明の意味でも使う.
　　Ex. 1. Find it, whatever it takes.　　なんとしてでもそれを探し出せ.
　　Ex. 2. "I need your help." "Whatever it takes."
　　　　　「君の助けが必要だ」「なんでもします」

▌ talk 話す (こと)；話

Don't talk the talk if you can't walk the walk.　→ walk の項を参照.

It's (just) the alcohol talking. / That's (just) the alcohol talking.
〔それは (単に) アルコールが話しているだけだ〕酒のせいでそんなこといっているのさ.
◆alcohol の部分は beer, wine, whisky, booze のほか, anger,

grief など，さまざまなものが来て，It's [That's] (just) the anger talking.（腹立ちまぎれでそういっているだけさ）などと使う．

Long time no talk.　→ speak の項の Long time no speak. を参照．

People (will) talk.
〔人は話すだろう〕みんなうわさが好きだから．
◆「人はうわさ話が好きだが，気にすることはない」という場合や，「人にうわさされると困る」という場合などに使う．People are starting to talk.（すでにうわさになっている）や People will talk about it.（それはうわさになるだろう）などとも使う．

Talk away.
どうぞ話して．
◆「話がしたい」と相手がいったときの返事として使う．ask の項の Ask away を参照．
　Ex. "I've been wanting to talk to you." "Swell. Talk away."
　　「君と話がしたかったんだけど」「いいわよ．どうぞ話して」

Whatchu talkin' 'bout, Willis?
〔おまえ何いってんだよ，ウィリス？〕何をいっているのさ．
◆米国のテレビコメディー『アーノルド坊やは人気者』(*Diff'rent Strokes*, 1978-1985) の主人公アーノルド・ジャクソン (Arnold Jackson) のせりふで，What are you talking about, Willis? のくだけた発音．日本語吹き替え版の「冗談は顔だけにしろよ」も日本ではやった．

You're one to talk.
〔あなたは話すべき人だ〕よくいうね；どの口がいうか．
◆Look who's talking. とほぼ同じで，誰かが人を批判したときに「自分だって同じじゃないか」という意味で使う．You're a fine one to talk. / You should talk. / You can talk. ともいう．

| **tell** 話す；告げる

A gentleman [lady] never tells.

紳士［淑女］は決してしゃべらない.

◆やんわりと回答を拒否する表現で，「それはいわぬが花」という感じで使うことが多い. A gentleman never tells. は男性が使い，A lady never tells. は女性が使う. gentleman の項の A gentleman never asks and a lady never tells. を参照.

If I tell you, I'll have to kill you.

もしあなたに話したら，あなたを殺さなくてはいけなくなる.

◆「それは秘密中の秘密だ」という意味の常套句.

Now you tell me!

〔あなたはいま私に話すのか〕今さらいっても遅いよ.

◆もっと早くいってくれればよかったのに，という場合に使う常套句.

Tell me and I'll forget. Show me and I may remember. Involve me and I'll understand.

私に話せば私は忘れるだろう. 私に示せば，私は覚えるかもしれない. 私にさせれば私は理解するだろう.

◆話したことは忘れやすく，見せてもらったことも記憶に残りにくいが，体験すれば理解する，という意味のことわざ. 教育の場でよく使われる. hear の項の I hear and I forget; I see and I remember; I do and I understand. を参照.

Tell me something I don't (already) know.

〔私がすでに知っているのでないことを話せ〕そんなの先刻承知だよ.

◆相手がわかりきったことをいったときに返す常套句. 相手にほめられたりして，「そんなの，わかりきったことじゃない」という意味で使うこともある.

　Ex. "I'm lucky to be married to you." "Tell me something I don't know."

「君と結婚できて本当にラッキーだよ」「当然よ」

You never can tell.

〔人は決していえない〕何があるかわからないからね.

◆You never know. とほぼ同じ. You never can tell with him.（彼の ことだからどうなるかわからないね）などとも使う. これらの表現の主 語 you は一般人称.

thing もの；こと

How's every little thing?

〔小さなことすべてはどうですか〕調子はどうですか.

◆How are you? とほぼ同じ意味のくだけたあいさつ.

It's just one of those things.

〔それはああしたことのひとつにすぎない〕そういうこともあります；しかた ないよ.

◆運が悪かったときに，相手を慰めたり，自分にいい聞かせるように して使うことが多い.

think 考える

Think global, act local.

地球規模で考え，局地的に行動しなさい.

◆ビジネスや環境問題など，さまざまな分野で使われる常套句. Think globally, act locally. ともいう.

thumb 親指

One, two, three four, I declare thumb war.

〔1, 2, 3, 4, 私は親指戦争を宣言する〕よし，指相撲開始だ.

◆指相撲 (thumb wrestling) を始めるときの言葉. 前半と後半がともに4拍で, four と war が韻を踏んでいる.

(Two) thumbs down! ⇔ (Two) thumbs up!

全然だめ. ⇔ ものすごくいい.

◆低評価のときは親指を下向けにして, 高評価のときは親指を上に向けるジェスチャーから. Two をつけたほうが強調的.

---

tie 結びつける；引き分け, 同位, 同着, 同率

Tie goes to the runner.

〔同時は走者に軍配が上がる〕同時セーフ.

◆野球で, 走者が塁に到達するのとその塁への送球が同時だった場合, 走者はセーフになるというルール. ただし, ルールブックの正確な言葉は A batter is out when after he hits a fair ball, he or first base is tagged before he touches first base. (打者の打った球がフェアになったとき, 打者が1塁に達する前にタッチされるか, 1塁に送球されると打者はアウトになる).

---

time 時間；時；時代；回数；タイム

Give it (some) time.

〔それに時間をかけなさい〕しばらくの辛抱だよ；そうあせらないで.

◆時間をかけてそれを続ければうまくできるようになる (または嫌いだったものが好きになる, など) という意味で使う.

　　Ex. The right man will come along. Just give it time.
　　　　そのうちにいい人が現れるわよ. そうあせらないで.

It was the best of times, it was the worst of times.

それは最良の時代であり, 最悪の時代でもあった.

◆英国の作家チャールズ・ディケンズ (Charles Dickens) のフランス革命期を舞台にした小説『二都物語』(*A Tale of Two Cities*, 1859) の出だしの言葉.

Time works wonders.

時は驚異的なことをする.

◆Time heals all wounds. (時はすべての傷をいやす) と同類のことわざで,「どんな問題も時が解決してくれることが多い」という意味.

When it's your time to go, it's your time to go.

〔行くときは行くときだ〕死ぬときは死ぬ;寿命だね.

◆この go は「死ぬ」という意味で, When it's your time, it's your time. / When your time is up, your time is up. / When your number is up, your number is up. ともいう.

today きょう;現代

Today you, tomorrow me.

〔きょうはあなた, あしたは私〕困ったときはお互いさま.

◆相手がお礼をいったとき,「今回は私があなたを助けましたが, 次回はあなたが私を助けるかもしれないので, お気遣いは無用です」という場合に使う. スペイン語からの翻訳借用といわれる.

Why do today what you can put off till tomorrow?

あしたまで延ばせるものをなぜきょうするのか.

◆Don't put off till tomorrow what you can do today. (きょうできることをあしたまで延ばすな) の反対で,「あせらずにのんびりやろう」という意味で使う常套句.

tomato トマト

Tomayto, tomahto.

〔トメイトか，トマートか〕どっちも同じようなものだ．

◆tomayto, tomahto はそれぞれ tomato のアメリカ英語発音 /təméitou/，イギリス英語発音 /təmάːtou/ を表し，どちらの発音でも同じものを指していることに違いはない，ということから．potato の項の Potayto, potahto. を参照．

tomorrow あした；明日

Tomorrow and tomorrow and tomorrow.

あした，またあした，またあした．

◆シェークスピア（Shakespeare）の『マクベス』第 5 幕第 5 場（*Macbeth*, Act 5, Scene 5）のせりふで，次のように続く．

> To-morrow, and to-morrow, and to-morrow, / Creeps in this petty pace from day to day / To the last syllable of recorded time;
>
> あした，またあした，またあした，／それがこの小さな足どりで日ごとに忍びこみ／記録された時代の最後の音節まで続く．

Tomorrow never comes.

〔あしたは決して来ない〕あしたといわず，きょうやりなさい．

◆相手が I'll do it tomorrow.（あしたするよ）などといったときに返す言葉．また，あしたという日はきょうの次の日であるから，その日になったら「きょう」になってしまうため，「あしたは永久に来ない」という意味でも使う．

touch さわる

I wouldn't touch her [him] with yours.

〔あなたのものでも私なら彼女［彼］にさわらない〕性的魅力をまったく感じない．

◆この yours は「あなたの性器」の意で，たとえあなたのものでも私

なら彼女［彼］にふれるなどはまっぴらご免だ，という意味の俗語表
現．この反対にすごく性的魅力を感じる場合は I wouldn't kick her
[him] out of bed. などという（bed の項を参照）．

tough　かたい；タフな；厄介な

Tough times bring opportunity.
〔きびしい時期は機会を呼ぶ〕ピンチのあとにチャンスあり．
◆常套句．同じ趣旨の常套句に Every challenge is an opportunity in
disguise.（あらゆる挑戦は変装したチャンスだ：ピンチはチャンス）が
ある（challenge の項を参照）．

town　町

This town ain't big enough for the two of us.
この町はオレたちふたりにとって十分に大きくない．
◆対立するふたりのガンマンが登場する西部劇で使われる常套句．
「ここでオレたちふたりが共存するのは不可能だから，おまえは出て
行け」という意味．類似表現に，Get out of town by sundown.（日が
沈むまでに町から出て行け）がある．

tree　木

As the twig is bent, so grows the tree.
小枝が曲げられると，それに応じて木は成長する．
◆身体的にも精神的にも子どもに無理をさせると成長に影響する，と
いう意味のことわざ．ただしい姿勢を保つことが大事だという意味
で，カイロプラクティック診療所などに掲示されている．

The best time to plant a tree was [is] twenty years ago.
The second best time is now.

木を植えるのに最適な時期は 20 年前だ．次善の時期は今だ．

◆木が立派に育つには 20 年かかる．同様に，立派な仕事をしようと思ったら長い年月がかかるから，すぐに始めるのがよい，という意味のことわざ．

---

trust　信用，信頼；信用する

Trust, but verify.

信頼せよ．しかし，確認せよ．

◆ロシア語のことわざの英語訳で，「相手を信用していても，ちゃんと確認することは怠るな」という意味．旧ソ連との核軍縮交渉において，ロナルド・レーガン (Ronald Reagan) 大統領が使って広まった．ほぼ同じ趣旨の常套句に Trust everyone but cut the cards. がある (card の項を参照)．

Trust is a two-way street.

〔信頼は双方向通行の通りだ〕信頼は双方向でなければならない．

◆「信用してほしければ，まずこっちのことを信用しなさい」という意味の常套句．two-way street は Friendship is a two-way street.（友情は双方向でなければならない）など，さまざまなものを主語にして使われる．

Trust is earned, not given.

信用は得るもので，与えられるものではない．

◆信用してほしいなら，信用されるような人物になりなさい，という意味．Trust is not (a) given. It's earned. / It has to be earned.（信用は与えられるものではない．得るものだ）などともいう．

---

truth　真実；真理

Children and fools tell the truth.

〔子どもとばかは本当のことをいう〕うそも方便．

◆本当のことをいってはいけないときもあるが，子どもとばかはそれ
を知らない，という意味のことわざ．

Half the truth is often a whole lie.
半分の真実はまったくのうそのことが多い．

◆本当のことをすべていわないのは，うそをついているのとほとんど
同じだ，という意味のことわざ．

the moment of truth   → moment の項を参照.

Truth hurts.
真実は痛い．

◆本当のことでも本人にとって都合が悪いと気分よくないものだ，と
いう意味の常套句．

Truth is the daughter of time, not of authority.
真実とは時の娘であって，権威の娘ではない．

◆英国の哲学者フランシス・ベーコン（Francis Bacon）の言葉．真実
は時の試練をへて明らかになるもので，権威が決めるものではない，
という意味．

Truth, Justice, and the American Way
真実と正義とアメリカ流．

◆米国のコミック・ヒーローのスーパーマン（Superman）のモットー．
この句は第二次世界大戦中のラジオシリーズで使われ，戦後のテレビ
シリーズでも使われた．2021 年には，Truth, Justice and a Better
Tomorrow（真実と正義，そしてよりよいあす）に変更された．

| try ためす；試みる；努力する；ためし；試み

You('ll) never know until [till] you try.
〔試してみるまではわからない〕ものはためしだ．

◆食べたことのないものがうまいかまずいか，やったことないことが

自分にできるかどうかなどは，実際にためしてみないとわからない，
という意味．躊躇する相手に，とにかくやってみようと勧めるときに
使うことが多い．

two 2；2つ；2人；2歳

Two and two make four.

2たす2は4.

◆「非常に簡単または自明なことだ」という意味の比喩として使う．

underestimate 過小評価する

Never underestimate the power of something. → power の
項を参照.

No one ever went broke underestimating the intelligence of the American public [people].

アメリカの大衆の知性を過小評価して破産した者はいない.

◆米国の作家 H・L・メンケン (H. L. Mencken) の言葉に由来する
常套句. 一般庶民はあまり知的でないから, うまくごまかしてしまえ
ばいくらでも金もうけができる, という意味. Nobody ever went
broke underestimating the intelligence of the American people. とも
いう. 文末の the American public [people] の部分を変えてさまざま
に応用される.

understand 理解する；わかる

Do we understand each other?

〔私たちはお互いを理解しているか〕わかったか；いいか.

◆Do you understand (me)? と同様に, 相手に自分の命令や主張を
念押しするときに使うことが多い. 米国映画『ダーティハリー』(*Dirty
Harry*, 1971) で, 殺人犯のスコルピオがハリー刑事をいためつけて
いるときにこういっている.

One day you'll understand.

いつかわかるよ；大きくなったらわかるよ.

◆おとな (特に親) が子どもによくいう. When you get to be my
age, you'll understand. (私の歳になればわかるよ), When you're old-

er, you'll understand.（大きくなればわかるよ）ともいう.

What part of something **don't you understand?** → part の項
を参照.

| **up**　上に；上がって；立って；起きて

Up and down, and up and down, ...
ぎったんばっこん，ぎったんばっこん，….
◆シーソー（seesaw）で遊ぶときの言葉.

Up you go.
さあ，あがって.
◆いろいろな場面で使われるが，典型例は親が乳幼児のおむつを替え
るときに，おむつ交換台（diaper table）に乗るようにいう場合.

What's up, Doc?
どうしたの.
◆What's up?（調子はどうだい）と同じ意味で，広く一般に使われる.
米国のテレビアニメ番組『ルーニートゥーン』（*Looney Tunes*）に登
場するウサギのバッグズ・バニー（Bugs Bunny）のせりふから.

Who's up for something**?**
…がほしい［…をやりたい人］はいるかな.
◆数人が集まっているところで，ゲームや飲食物などを提案するとき
の表現. Who's up for ice cream?（アイスクリームを食べたい人はい
るかい）のように使う. 類例に，Are you up for coffee?（コーヒーで
もどう？），I'm up for anything.（僕はなんでも OK だよ）などがある.

You're up.
君の番だよ.
◆You're next. / It's your turn. とほぼ同じ.

| **use** 使う

Use it or lose it.

〔それを使うか, さもなければ失うまでだ〕使わないとだめになる.

◆①頭や体などが使わないと衰える, ②年次休暇などが使い切らないと失効してしまうという場合などに使う. 複数のものについては, Use them or lose them. ということもある. ちなみに, アルコールや薬物を使用して車を運転すると免停になる法律のことを use and lose law という. move の項の Move it or lose it. を参照.

Use what you have.

あるものを使いなさい.

◆(ないものねだりをせず) 現にあるものを有効活用しなさい, という意味.

| **used** 慣れた, なじんだ

A person can get used to anything.

人はどんなことにも慣れる.

◆広く使われる常套句. A person の代わりに One, You も使われる. いい回しは異なるが, ドストエフスキー (Dostoevsky) の『死の家の記録』(*The House of the Dead,* 1861) の第1章に同じ趣旨の言葉がある.

> Yes, man is a pliable animal—he must be so defined—a being who gets accustomed to everything!
>
> そう, 人間は慣れる動物であり, なんにでも慣れる存在が人間であると定義されよう (英語訳は Project Gutenberg による).

Don't get used to it.

〔それに慣れるな〕いつもこうだと思ってもらっちゃ困るよ;これに味をしめないでね.

◆臨時収入があって食事をおごるなど, 相手を厚遇するときに使うこ

とが多い.

　　Ex. "Wow, you made dinner for me?" "Yeah, but don't get used
　　　　to it."

　　　　「まあ, 私に夕飯をつくってくれたの?」「うん, でもいつもこ
　　　　うだと思わないでね」

I could get used to this.

〔これに慣れることができる〕これも悪くないね; くせになりそう.

◆飲食物などについて,「これだったら毎日でも悪くない」という感
じで使う.

vacuum 真空

Nothing happens in a vacuum.

真空では何も起こらない.

◆突然降ってわいたようなできごとでも, それにはそれなりの理由がある, という意味の常套句. 何か問題があったら, それには原因があるはずだから, よく考えなさい, という場合によく使われる. Things don't happen in a vacuum. (ものごとは真空では起こらない) ともいう. 2023 年 10 月 24 日, 国連事務総長 (Secretary-General of the United Nations) のアントニオ・グテーレス (António Guterres) は安全保障委員会 (Security Council) でハマスのイスラエル攻撃を非難したあと, It is important to also recognize the attacks by Hamas did not happen in a vacuum. The Palestinian people have been subjected to 56 years of suffocating occupation. (またハマスによる攻撃は何の理由もなく起こったものではないことを認識することも重要です. パレスチナの人々は 56 年に及ぶ息苦しい占領下におかれてきたのです) と述べた.

voice 声

Listen to your inner voice.

自分の内なる声に聞きなさい.

◆周囲の意見などにまどわされずに, 本当は何をしたいのか, どうすべきだと思っているのかを考え, それに従いなさい, という意味.

The voice of the people is the voice of God.

人民の声は神の声である.

◆大衆の多くが望むことを政治は行わなければならない，という意味の常套句．ラテン語の句 vox populi, vox Dei /váks pápjulài, váks díːai/ から．

vote 投票（する）

One man, one vote.

ひとり一票．

◆One person, one vote. ともいう．

turkeys voting for Christmas

〔クリスマスに投票する七面鳥〕肉屋を支持する豚．

◆自分に不利になることを進んで行ったり，そのような政策を受けいれたりする人や態度のたとえに使われる．英米ではクリスマスに七面鳥を食べる習慣があることから．

Vote with your dollars.

〔ドルで投票せよ〕購買によって投票しよう．

◆よりよい社会になるように，自分の価値観にあう企業の製品を買うことで企業を支援しよう，という意味で使うことが多い．イディオムの vote with *one's* dollars は「特定商品を買うことは，その商品に投票する（それを支持する）のと同じだ」という意味．

walk 歩く；歩かせる；散歩；（野球で）四球

A walk is as good as a hit.

四球は安打と同じ.

◆野球の格言. walk は「四球での出塁，フォアボール」の意味で，
base on balls ともいう.

Don't talk the talk if you can't walk the walk.

〔歩きを歩けないなら，話を話すな〕実行できないなら自信たっぷりに話す
な；できもしないのに偉そうなことをいうな.

◆talk the talk は「話すべき話しかたをする；自信たっぷりに話す」，
walk the walk は「歩くべき歩きかたをする；自分がいったことを実
行する；実力を示す」という意味.

want 欲する；ほしい

I want YOU for U.S. Army.

米国陸軍に君がほしい.

◆第一次世界大戦時に米国陸軍への入隊を
促すためにつくられたポスターの文句で，
第二次世界大戦時にも使用された.

Please sir, I want some more.

→ please の項を参照.

What do you want, a cookie?

〔何が欲しいのか. クッキーか〕だからなんだっていうんだ.

◆相手の発言に対して，「そんなの大したことじゃないじゃないか」

という意味で返す常套句. イギリス英語で What do you want, a bis-cuit? ともいう.

war 戦争

The first victim of war is truth.

戦争の最初の犠牲者は真実だ.

◆ことわざ. 古代ギリシャの三大悲劇詩人のひとりアイスキュロス (Aeschylus) の言葉とされることが多いが, 確かなことは不明.

There was never a good war or a bad peace.

よい戦争や悪い平和というものがあったためしはない.

◆米国の政治家・著述家ベンジャミン・フランクリン (Benjamin Frankin) がアメリカ独立戦争終結後の 1783 年 9 月 11 日に, 軍人のジョサイア・クインシー (Josiah Quincy) に宛てた手紙に書いた言葉.

watch 見る；観察する；気をつける；腕時計

Time (for you) to get a watch!

(あなたが) 腕時計を手にいれる時間だ.

◆What time is it? などと時間を聞かれたときに,「時間を知りたければ時計を買いなさいよ」という意味で返す言葉.

Watch the birdie!

鳥さんを見て.

◆Say cheese. とほぼ同じで, 写真をとるときにいう古めかしい常套句. 特に子どもに対して使う. 昔, 写真館で家族の写真をとるとき, 子どもがカメラのほうに注意を向けるように, カメラマンがおもちゃの鳥をカメラの上に載せて, それを見るようにこう声をかけたことから.

water 水

Water is wet.

〔水はぬれている〕そんなの当然じゃないか.

◆相手が当たり前のことをいったときに返す言葉.

　Ex. "Mom is nuts." "Yeah. Water is wet."

　　「おかあさんはおかしいね」「そうよ. 今ごろ気がついたの？」

Water seeks its (own) level.

〔水は水平を求める〕水は同じ高さになる；水は低きにつく.

◆ひとつにつながった容器などにはいった水はどこでも同じ水位になることをいう. 比喩的に,「朱に交われば赤くなる」と同じような意味でも使われる.

We never miss the water until the well runs dry.

井戸が涸れるまでは水のありがたさがわからない.

◆そのものや人がいなくなって, はじめてそのありがたさに気づく, という意味のことわざ. You never miss the water until the well runs dry. ともいう.

way 道；方法

Way! / Yes way!

本当だってば.

◆相手が No way!（まさか, うそでしょ）といったときに,「いや, 本当だ」という意味でいう俗語表現.

What a way to go.

ひどい死にざまだね.

◆この go は「死ぬ」という意味で, 尋常ならざる死にかたをしたケースについて使う.

W

we 私たち

Aren't we all? / Don't we all?

〔私たちはみんなそうではないですか〕みんなそうでしょ.

◆相手の発言に対して,「それは私たちだって同じでしょう」という場合に使う. 相手が be 動詞を使ったときは Aren't we all? といい, 一般動詞を使ったときは Don't we all? という. 特に自分たちを含めずに,「人なんて所詮そんなものでしょ」という場合は Aren't they all? / Don't they all? という. Who isn't? / Who doesn't? / Who wouldn't? も同じように使われる.

   Ex. 1. "He's lonely inside." " Aren't we all?"

      「彼は心の中では孤独なんです」「みんなそうでしょ」

   Ex. 2. "My parents fight all the time." " Don't they all?"

      「うちの親は年中けんかしているよ」「どこの親だってみんなそうでしょ」

Who's we? Do you have a mouse in your pocket? → mouse
の項の Do you have a mouse in your pocket? を参照.

white 白い；白

Don't wear white after Labor Day.

労働の日(9 月の第一月曜日)を過ぎたら白を着るな.

◆Labor Day は日本の勤労感謝の日に相当する米国の祝日だが, この日を過ぎたら白い服(もともとは白い靴だったという)を着てはいけないといわれている. 一説には, 白い服は夏物なのに, 9 月にはいってもそれを着ているのは裕福な家柄を誇示するようだからとされる.

Don't wear white to a wedding.

結婚式に白い服を着ていってはいけない.

◆全員が白い服装をすることを求められる all white wedding(オー

ル・ホワイト・ウェディング）は別として，白いドレスを着るのは花嫁（bride）だけで，招待客は白以外の服を着ていくのが暗黙のルールになっている．

who 誰（か）

People are who they are.

〔人はその人であるところのものだ〕人にはもって生まれた性分というものがある.

◆親切な人は親切だし，自己中の人は自己中だというように，人にはそれぞれ固有の性質があり，それはめったなことでは変わらないし，変えようとしても無理だ，という意味で使うことが多い.

Who done it?

誰がそれをしたのか.

◆Who has done it? の省略表現で，殺人事件などの犯人は誰かという意味で使われる．ここから，推理劇などを whodunit または whodunnit という.

Who isn't? / Who doesn't? / Who wouldn't?

〔そうでない人は誰か〕みんなそうでしょ.

◆相手の言葉に対して，「それは誰だって同じでしょう」という意味で返す修辞疑問（rhetorical question）．Aren't we all? / Don't we all? などとほぼ同じ.

Who killed Cock Robin?

コックロビン（雄のコマドリ）を殺したのは誰？

◆イギリスの民謡，または伝承童謡（nursery rhymes）の出だしの文句．このあと，とむらいをするまでの段階について「誰がした［する］のか」という質問と「私がしました［します］」という答えが続く．最初の連は次のとおり.

Who killed Cock Robin? / "I," said the Sparrow, / "With my

W

bow and arrow, I killed Cock Robin."

コックロビンを殺したのは誰？／「私です」とスズメがいった，
／「私は弓矢でコックロビンを殺しました」

Who's a pretty boy then?

ではかわいい男の子は誰？

◆ ペットのオウム (parrot) に対してかける言葉．ちなみに，ペット
のオウムはポリー (Polly) と名づけることが多く，しばしば Pretty
Polly (かわいいポリーちゃん) と話しかける．

| why なぜ；どうして

I don't see why not.

〔そうしていけない理由は見あたらない〕そうしましょうか．

◆ 相手の質問や提案に賛成するときに使う．

I wonder why.

どうしてかしらね．

◆「当然でしょ」という意味で，皮肉をこめて使うことが多い．

　Ex. "Burt gave me the cold shoulder." "Really? I wonder why."

　　　「バートに冷たくされたよ」「そう？ どうしてかしらね」

Why else?

〔ほかにどんな理由があるか〕理由は決まっているでしょ．

◆ なぜかと聞く相手に対して，「聞くまでもないだろう」という意味
で返す修辞疑問 (rhetorical question)．

　Ex. "Why did you take the job?" "Money. Why else?"

　　　「どうしてその仕事を引き受けたのですか」「お金よ．決まって
　　　いるでしょ」

wife 妻；奥さん

Happy wife, happy life.

幸せな妻，幸せな生活.

◆妻の機嫌がよければ家庭生活はうまくいく，という意味の常套句.
husband の項の A good husband makes a good wife. を参照.

You'll make a good wife.

君はいい奥さんになるね.

◆未婚女性に対するほめ言葉として使われることが多い.

will 意志；遺言

Where there's a will there's a relative.

遺言のあるところ親戚あり.

◆ことわざの Where there is a will, there is a way. (意志のあるところ道あり；精神一到何ごとかならざらん) のもじりで，故人と縁遠かった親戚が遺産相続の段になって急に現れるような場合をいう.

win 勝利（する）；勝つ；勝ちとる

can't win for losing

負けてばかりで勝てない；何をやってもうまくいかない.

◆連戦連敗で何をどうやっても勝てない，またはことごとくついてないような場合に使う常套句.

Win on Sunday, sell on Monday.

日曜日に勝つと，月曜日に売れる.

◆日曜日に行われる自動車レースで勝った車種が月曜日によく売れる，というマーケティングのことわざ. What wins on Sunday sells on Monday. (日曜日に勝ったものが月曜日に売れる)，Race on Sunday, sell on Monday. (日曜日にレースして月曜日に売れる) などとも

W

いう．自動車レース以外のスポーツなどについて使われることもある．

Win one for the Gipper!

〔ギッパーのために一勝しよう〕誰かのために頑張ろう．

◆米国のノートルダム大学 (Notre Dame) のフットボール選手ジョージ・ギップ (George Gipp)，通称ザ・ギッパー (the Gipper) の実話から生まれた常套句．死の床にあった彼は「自分のために勝ってほしい」とコーチのクヌート・ロックニ (Knute Rockne) にいい，ロックニはその言葉を試合のハーフタイムのときに選手たちに伝えた．このエピソードはのちに大統領となったロナルド・レーガン (Ronald Regan) 主演の映画 *All American* (1940) になり，Win one for the Gipper! が広く使われるようになった．ちなみに，レーガンは Let's win this one for the Gipper. (ギッパーのためにこの選挙を勝とう) を標語にして大統領選挙を戦い，当選した．

wise　賢い；賢明な

Be wise as serpents, and harmless as doves.

蛇のように賢く，鳩のように素直になりなさい．

◆新約聖書の「マタイによる福音書」10 章 16 節 (Matthew 10:16) にあるイエス・キリストの言葉．イエスが 12 人の使徒 (apostles) を各地に送りだすときにいった言葉で，正確には次のとおり．

> Behold, I send you forth as sheep in the midst of wolves: be ye therefore wise as serpents, and harmless as doves.
> わたしはあなたがたを遣わす．それは，狼の群れに羊を送り込むようなものだ．だから，蛇のように賢く，鳩のように素直になりなさい．

Some are wise and some are otherwise.

ある者は賢いが，ある者はそうでない．

◆wise と otherwise で韻をふませた言葉遊びのことわざ．

wish 望む；望み；願望

Don't I wish!

そう願いたいよ；だったらいいのに.

◆I wish! を強調した表現. 相手に「あなたはそう願うでしょうね」というときは Don't you wish! になる.

The wish is father to the thought.

〔願望は考えの父親だ〕希望的観測は人の常.

◆人はそうあってほしいという願望を事実と思いがちだ，という意味のことわざ.

woman 女；女性

A good woman is hard to find.

よい女性はなかなか見つからない.

◆A good man is hard to find.（よい男はなかなか見つからない）の女性版のことわざ.

A woman is as old as she admits.

女性の年齢は本人次第.

◆女性は本当の年齢をいわないことがある，という意味の常套句.

A woman without a man is like a fish without a bicycle.

男のいない女は自転車のない魚のようなものだ.

◆1970 年代につくられたフェミニズム運動のスローガンで，男なしでも女は自立した幸せな生活ができる，という意味.

A woman's place is in the house.

女性の居場所は家にある.

◆家事は女性の仕事だ，という意味の常套句. A woman's place is in the kitchen.（女性の居場所はお勝手にある）や Women belong in the house [kitchen]. ともいう.

W

Be your own woman.   → man の項の Be your own man. を参照.

It's a woman's privilege to change her mind.

〔気が変わるのは女の特権だ〕女心と秋の空.

◆常套句.

Many women, many words; many geese, many turds.

〔女性が多いと言葉が多い. ガチョウが多いと糞が多い〕女三人寄ればかしまし
い.

◆ことわざ.

woman crush Wednesday

水曜日の一押し女.

◆ツイッター (現在は X) などのソーシャルメディアで, 投稿者が紹
介する魅力的な女性 (おもに自分の恋人や有名人など). Wednesday
に特に意味はなく, woman と頭韻 (alliteration) を踏むために採用
されたもの. WCW と略す. man の項の man crush Monday を参照.

Women and children first.

女性と子どもを先に.

◆船が沈没するなど, 命にかかわる事故や災害が発生したときは, 女
性と子どもの避難を優先させるという慣例. 1852 年に南アフリカ沖
で座礁した英国船バーケンヘッド号 (HMS *Birkenhead*) で実行され
たのが最初とされる. 1912 年のタイタニック号 (RMS *Titanic*) の沈
没時にもこれが実践されたが, 海難事故では多くの場合, われ先
(Every man for himself.) の状況になるという.

Women are weak, but mothers are strong.

女は弱し, されど母は強し.

◆母親の強さを述べたことわざ. 出典はフランスの作家ビクトル・
ユーゴー (Vitor Hugo) の小説『九三年』(*Ninety-Three*). ゆくえ不
明になった 3 人の子を必死でさがす母親についての描写 The woman
was weak, but the mother found strength. (女は弱かったが, 母は力を

見つけた) から.

▌ **world** 世界；世の中

I brought you into this world, and I can take you right back out (of it).

私がおまえをこの世に生んだのだから，いつでも追い出してやれるんだよ.

◆いうことを聞かない子どもに対して母親が使うおどし文句.

I don't know what the world is coming to.

〔世の中はどうなってきているのかわからない〕世の中はどうなっちゃったんだろうね.

◆「困った世の中になったものだ」または「物騒な世の中になったものだ」と嘆くときによく使われる. 同じ趣旨で，What's the world coming to?（世の中はどこに向かっているのか），What's wrong with this world?（この世の中はどこが悪いのか）などともいう.

It's the way of the world.

〔それが世の中のありかただ〕世の中はそういうものだ.

◆That's the way of the world. ともいう. It's [That's] the way the world works.（世の中はそのように機能する）もほぼ同じ.

We see the world as we are, not as it is.

私たちはありのままに世界を見るのではなく，自分のありように従って見る.

◆人は主観から自由になれず，ものごとを客観的に見られない，という意味. フランス生まれの米国の作家アナイス・ニン (Anaïs Nin) の言葉で，「ミノタウロスの誘惑」("Seduction of the Minotaur") の中に出てくる.

W

worst　最悪の（こと）

That's not the worst of it.

〔それはその最悪ではない〕それくらいですんでよかったよ；それだけじゃなくて，もっと悪いことがあるんだよ.

◆「それは最悪の状況ではない＝不幸中の幸いだ」という場合と，「それは最悪の状況ではない＝さらにひどいことを話さなくてはいけない」という場合がある.

The worst is yet to come.

〔最悪のものはこれから来る〕それくらいではすまない.

◆このあとに最悪の状況がくる，または最悪のことを話さなくてはいけない，という場合に使う. 米国の作家マーク・トウェイン（Mark Twain）は破産宣告をしたことを妻に知らせる手紙に Cheer up, the worst is yet to come.（元気をだして. 最悪のことはまだ話してないから）と書いた.

What's the worst that can [could] happen?

〔起こりえる最悪のものは何か〕どんなひどいことになるっていうのよ.

◆相手が行動をためらっているときなどに，「最悪の結果になったとしてもたかがしれているから，やってみなさい」と勧めるときによく使う. 関係代名詞の that は省略されることがある.

Ex. Just ask her out. What's the worst that can happen?
　　彼女をデートに誘いなさいよ. だめもとじゃない.

worth　価値のある

Everything worth doing is hard.

やる価値のあることはみな困難だ.

◆常套句. 同じ趣旨の常套句に，Nothing worth having comes easily.（所有する価値のあるもので簡単に手にはいるものはない）がある.

(The) worth of a thing is what it will bring.

ものの価値はそれがもたらすものにある.

◆あるものがいくらで売れるかは買い手次第だという意味. 不要品を売りにだす人に対して,「あまり期待しないほうがいい」という場合に使うことが多い.

| **wrong** まちがった（こと）；不正

Don't take this the wrong way, ...

誤解しないでほしいのだが….

◆悪気があっていうわけじゃないが, というときの前置き. I don't want you to take this the wrong way, … ともいう.

　Ex. Don't take this the wrong way, but your place has kind of a weird smell.

　　　こういっちゃなんだけど, 君の部屋はちょっと変なにおいがするね.

... gone wrong

（思わぬことで）悪い方向に発展した….

◆予想外の事態が生じて悲劇的事件に発展したときなどに使う. … gone bad ともいう.

　Ex. 1. It's a robbery gone wrong. 強盗が殺人に発展したケースだ.

　Ex. 2. It was a prank gone wrong.

　　　それはいたずらのつもりが死亡事故につながったものだった.

Not that there's anything wrong with that.

何もそれが悪いってわけじゃないけどね.

◆前言が誤解されないようにつけ加える表現.

　Ex. "They asked me if I'm gay." "Are you? Not that there's anything wrong with that."

　　　「ゲイかって聞かれたよ」「ゲイなの？ 別にそれが悪いってわけ

W

じゃないけど」

Often wrong, never in doubt.

しばしばまちがっているが，疑うことは決してない．

◆自信過剰で，何度も失敗しているにもかかわらず，自分の判断がまちがっていたとは考えない人などについて使う．

Wrong place, wrong time. → place の項を参照．

yes はい；ええ

Yes sir, yes sir, three bags full, sir.

はい，はい，3袋いっぱいに.

◆「はいはい，わかりました」という感じで，相手の要求などに卑屈な態度で応じるときに使う. 伝承童謡 "Baa, Baa, Black Sheep" の次の一節から.

Baa, baa, black sheep, / Have you any wool? / Yes, sir, yes, sir, / Three bags full.

One for my master, / One for my dame, / And one for the little boy / Who lives down the lane.

めえ，めえ，黒ヒツジさん，／羊毛はありますか？／はい，はい，／3袋いっぱいに.

ひとつはご主人さま用，／ひとつは奥さま用，／そしてひとつは通りの先に住む／お子さま用に.

Yes way! → way の項を参照.

yesterday きのう

Yesterday wouldn't be too soon.

〔きのうでも早すぎることはないだろう〕大至急で頼む.

◆「いつまでにすればいいですか」などと聞かれたとき使う常套句.

you あなた；きみ；おまえ

It's all about you.

〔すべてはあなたに関するものだ〕**あなたって自分のことしか頭にないのね**.
◆「このパーティーはあなたが主役だよ」というような意味でも使う
が, 多くの場合, 「ほかの人のことを考えるべきときなのにあなたは
自分のことばかり考えている」と非難をこめて用いる. It's always
about you.（あなたはいつだって自分のことしか頭にないのね）という
こともある. 同じパターンの表現に It's all about money. がある
（money の項を参照）.

It's not you. It's me. → me の項を参照.

No matter where you go, there you are.
どこへ行こうと, そこには自分がいる.
◆問題から逃避しようとしても無駄だ, という意味の常套句. 米国映
画『バカルー・バンザイの8次元ギャラクシー』(*The Adventures of
Buckaroo Banzai Across the 8th Dimension*, 1984) のせりふだが,
Wherever you go, there you are. などの類似表現はそれ以前から使
われている.

Wouldn't you be?
〔あなたはそうじゃないのですか〕**あなただってそうでしょ, 誰だってそう
じゃないかい.**
◆同じ状況に置かれたら, あなたもそうなるでしょう, という反語表
現.
　　Ex. "Are you scared to go to jail?" "Wouldn't you be?"
　　　「刑務所に行くのが怖いのかい」「自分だってそうなるだろ」

You're not the only one.
あなたはひとりではない.
◆That makes two of us. とほぼ同じで, 相手の発言に対して「私も
同じように感じている」というときに使うことが多い. You're not
alone. ともいう.

zipper ジッパー, チャック

Examine your zipper.

〔チャックをチェックして〕社会の窓があいてるよ.

◆Your fly is open. や You're flying low. に同じ (fly の項を参照).
EYZ または XYZ (X は Examine を表す) という略語も使われる.

索　引

太字は見出し語を，数字はページ数字を表す。

[A]
about 190, 289
above 1
abuse 1
abuser 1
abyss 1
accept 2
acne 44
act 3, 53, 150, 261
actor 210
adapt 2
admit 283
advice 3
advise 69
afford 14
afternoon 193
age 3, 4, 5, 6, 18, 174
agree 199
ahead 6, 60, 165
aim 99, 218
ain't 5, 136, 184, 265
air 174
airplane 6, 51
alas 7
alcohol 7, 258
alive 7, 8
all 6, **8**, 13, 21, 22, 46, 51, 53, 58,
  60, 62, 78, 83, 98, 101, 102, 109,
  122, 131, 134, 157, 158, 164, 172,
  173, 190, 191, 203, 208, 217, 227,
  230, 278, 289
always 50, 121, 138, 139, 141,
  146, 150, 190
America 17
American 267, 269
angel 10, 47, 252
anger 10, 11
angry 11, 140
ant 11
appear 253
appetite 11
apple 46
argue 105, 253
arm 12
army 95, 275
as 1, **12**, 13, 16, 33, 44, 71, 118,
  121, 124, 126, 127, 132, 136, 197,
  204, 208, 214, 219, 235, 247, 250,
  256, 257, 265, 275, 282, 283, 285
ask 5, **13**, 14, 15, 28, 114, 129
ass 15, 41, 91, 107, 111, 112, 158
assume 15
aunt 217
authority 267
avoid 61

[B]
baby 16, 178
back 12, 33, 157, 162, 251, 256,
  285

backbone   253
bad   **16**, 17, 30, 38, 72, 87, 99, 117, 123, 124, 138, 191, 197, 276
bag   289
ball   50
banana   55
bank   **17**, 58
bar   74
barber   129
bark   71, 72
barn   136
barren   201
baseball   **17**, 18
battle   154
bear   58
beast   6
beat   67, 195, 204
beautiful   111
beauty   6, **18**, 19, 137
beaver   33
become   1, 140, 253
bed   11, **19**, 251
bedroom   10, 54
bee   33
beer   82, 133
begin   **20**, 62
beginning   20, 111
believe   **20**, 21, 235
below   1
bend   265
benefit   109, 111
best   3, **21**, 22, 27, 108, 216, 244, 252, 262, 265
bet   93
better   **22**, 23, 24, 62, 63, 68, 71, 75, 87, 95, 142, 156, 176, 208, 232
bicycle   283
big   **24**, 75, 76, 77, 101, 111, 145, 212, 246, 265

bill   **25**
bind   93
bird   94, 242
birdie   276
bit   167, 168
bitch   148
bite   25, 63, 83
bitter   58
black   38, 82
blame   **26**
blessed   88, 119
blessing   **26**
blind   89, 234, 235
blink   187
blond, **blonde**   **27**
blood   228
bloom   **27**
blue   249
boi   232
boiling   112
boldly   120
bone   184
book   **27**, 28
boot   146, 162
born   **28**, 79, 159
borrow   248
boss   68
both   **29**, 233
bottom   107
boy   **29**, 30, 39, 108, 180, 228, 280
brain   **31**
brass   50
breach   **31**
break   12
breakfast   138
brick   32
bride   134

bring　30, 195, 212, 265, 285, 287
British　32
broad　136
broke　269
broken　48, 129
brotherly　47
brown　56, 103
Brutus　138
buck　212
build　32, 195
bullet　94
bullshit　191
bump　111
burger　56
burn　99
bus　33
bushel　109
business　239
busy　33
butt　16, 111
buy　40, 56

[C]
cabbage　56, 126
call　34, 35, 133
can　2, 4, 14, 15, 22, 28, **35**, 39,
　　71, 77, 84, 91, 93, 99, 110, 131,
　　136, 138, 139, 151, 163, 168, 169,
　　171, 173, 187, 188, 202, 204, 208,
　　217, 228, 244, 256, 258, 261, 263,
　　271, 275, 281, 285, 286
Canada　154
candlestick　61
cap　35
car　73
card　36
care　36, 37, 153
careful　89

Carthage　66
cash　37, 41
cat　38, 71
catch　38, 39, 50, 65, 73, 100, 104,
　　222
cattle　134
cause　44
cave　214
challenge　39
chance　40
change　2, **40**, 284
channel　212
charge　127
chase　222
cheap　3, **40**, 56
check　41
cheese　42, 220
chest　128
chief　250
child　42, 43, 44, 241, 266, 284
chocolate　44, 45
choice　45, 46
choose　145
Christmas　46, 274
church　122, 219
cigar　46
circle　164
city　47, 48
clean　53, 113
clench　131
client　158
cliff　109
clock　48, 49
close　49, 75, 90
closed　196
cloud　254
cobbler　49, 50
Cock Robin　279

cold **50**, 65, 240
color 254
come 5, 11, 16, 17, 18, 22, 32, 42,
46, **51**, 52, 58, 76, 100, 101, 125,
145, 175, 190, 192, 216, 218, 220,
230, 254, 257, 264, 285, 286
commentator 59
communicate **52**
communication 86
communist 100
complain **52**
conscience **53**
consequence **53**
consider 176
contagious 133, 245
contrary **54**, 76
cook **54**, 55
cookie 275
cool **55**
corrupt 86
count 11, 49, 143, 168, 210
country **55**, 163
countryman 100
cover-up 57
cow **56**
coward 53
cracker 42
crazy **57**
credit 37
creek 121
crime **57**, 58
criminal 57
cross 38, 90
crown 85, 135
crowning 128
crush 179, 284
cry 18, **58**, 246
cup 79, 84

curb 71
cure 173
curl 67
curse 26, **59**
custom 4, 56
cut 36, 64, 250

[D]
daddy **60**, 237
dam 11
damn **60**, 162
danger **61**
dare 174
dark **61**
daughter **62**, 267
day 24, 48, 50, **62**, 63, 87, 145,
157, 161, 169, 173, 176, 193, 194,
233, 269
dead 39, **63**, 64, 102, 152, 156
deadly 96
deaf 136
deal 217, 244
dear 89, 217
death **64**, 65, 68, 241
deck 36
declare 261
defend 68
delay 147
denial **65**
deny **65**, 147
depend 150, 242, 253
deserve **66**, 125
desire 66
destination 132, 146
destroy 11, **66**
devil 37, **66**, 67, 252
dictionary 142
die 2, 64, **67**, 68, 82, 133, 169,

229, 244
differ   105
difference   180
dig   137
dike   98
diligence   194
dime   74
dirt   82
disappointed   88
disappointment   163
disapprove   68
discontent   69
discretion   69
disguise   39
distance   70
doc   270
doctor   70
dog   70, 71, 72, 73, 116
dollar   73, 74, 274
door   74, 75, 175, 195
dot   94
doubt   76, 220, 288
dove   282
dozen   82
draw   221
dream   5, 73, **76**, 77
dress   78
driving   7
drool   29
drop   78, 79
drown   79
drumroll   79
dry   131, 277
duck   257
duly   203
dummy   80
dyke   98

[E]
each   269
ear   81, 97
early   46, 76
earn   266
easily   179
easy   109, 123, 185
eat   10, **81**, 82, 83, 101, 109, 196, 247
egg   82, 220
Egypt   65
elephant   83
elevator   83
else   280
emerald   48
empty   35, **84**
enchantment   70
end   26, 33, 58, **84**, 85
enemy   21, 22
England   90
enigma   229
enough   22, 50, **85**, 86, 183, 197, 265
escape   142, 168
eternal   48
even   40, 48, 49
every   39, 46, 91, 111, 125, 146, 161, 162, 168, 224, 233, 261
everybody   92, 124
everyone   36, 124
everything   21, 43, 211, 215, 220, 286
everywhere   117
evil   45, **86**, 87
examine   291
exceeding(ly)   122
excuse   87, 217
executioner   147

expect **88**
experience **88**, 89
eye **89**, 90, 97, 99, 126, 130, 165, 186, 203

[F]
face 43, 48, **91**, 176, 245
fade 19
fail 216
failure 52, **91**, 254
fair 43
fall 224
fame 191
family 110
famous **92**
fancy 106
far 122
farm **92**, 93
fart **93**
fast **93**, 94, 169, 197
fat 157, 214
father 43, 241, 283
favor 40
fear 71
feather **94**
feed **94**, 95
feel 23, **95**, 96, 123, 208
female **96**
few 82
fiddle **97**
field **97**, 98, 103
fight 72, 87
find 93, 102, 109, 112, 137, 154, 171, 283
fine 94, 139
finger **98**
fire **98**, 99, 247
fireguard 44

first 62, 66, **100**, 102, 155, 276, 284
fish **101**, 102, 220, 257, 283
fist 131
five 206
Flanders 103
flash 165
flea 72
flow 102
flower 19
flush 103
fly 79, **104**, 121, 175
fog 187
follow 172, 190
folly 71
fond 70
fool 71, 89, **104**, 105, 106, 158, 266
foolproof 106
foot 68, **106**, 107, 196, 243
foresee 61
forest 99
forever 104
forget 13, 67, 135, 157, 221, 260
fork 98
fortune 194
forty 91, 104
foul 134
four 90, 261, 268
fourth 221
France 234
freak 107
Freddy, Freddie 226
free 42, 106, **108**, 169
freeze 50
friend 27, **108**, 109, 110, 186
friendship 110, 111
frog 111, 112
front 90
fruit 58

fry   82
full   36, 60, 163, 164, 289
full-time   145
fun   27, **113**
funeral   76, 156
funny   146, 157, 234
furnace   247
futile   227
future   42

[G]
gamble   163
game   114, 124
garden   231
gather   196
gaze   1
generation   236
gentle   202
gentleman   114, 260
get   6, 16, 23, 24, 33, 39, 52, 56,
    66, 72, 107, 108, **115**, 116, 117,
    118, 125, 137, 162, 163, 165, 170,
    192, 220, 226, 230, 248, 258, 271,
    272, 276
getting   115
gift   119
Gipper   282
girl   29, 39, 93, **117**, 211, 228, 232
give   40, 72, 117, **118**, 119, 162,
    262, 266
glad   14
glass   211
global   261
glory   128
glove   129
go   10, 11, 17, 37, 52, 57, 58, 66,
    68, 76, 78, 82, 83, 102, 117, **119**,
    120, 137, 150, 160, 165, 167, 185,
188, 191, 202, 225, 262, 263, 270,
    277, 287, 290
god   2, 21, 52, 66, 120, **121**, 122,
    130, 216, 273
gold   207, 253
goldfish   184
golly   123
good   21, 22, 30, 34, 55, 74, 86,
    87, 97, 99, 113, 115, 117, 118,
    122, 123, 124, 138, 141, 175, 176,
    186, 191, 193, 194, 202, 204, 206,
    251, 275, 276, 281, 283
goodbye   18
goose   284
government   125
grain   146
grant   2
great   39, 58, **125**, 168, 220, 236
green   126
grenade   49
grind   122
ground   107, **126**
grow   70, 157, 172, 174, 265
guarantee   164
guide   53
guilty   127, 142
gun   134
guy   127, 252

[H]
hair   128
haircut   129
half   20, 61, 154, 251, 267
halfway   162
hammer   67
hand   33, 49, 67, **129**, 130, 131,
    217
hang   17, 21, 22, 52, 72, 73, 79,

131, 132, 135, 168, 221
happen 17, 21, 22, 72, **132**, 273, 286
happiness 125, **132**, 133
happy 33, 55, **133**, 134, 140, 281
hard 8, 253, 283, 286
hare 100
harm 134
harmless 282
hat 134, 135
hate 57, 114, 240
hatred 212
have 27, 38, 43, 71, 74, 81, 97, 112, 113, 163, 165, 171, 184, 185, 188, 189, 195, 202, 227, 228, 271
head 25, 55, 71, 102, **135**, 214
heap 137
hear 20, 21, 76, **135**, 136
heart 70, 100, 122
heaven 30, 117, 181
heed 3
hell 50, 60
hen 82
Henry 133
here 22, 51, 52, 85, 135
high 93
hinge 75
hip 189
history 55
hit 33, 74, **136**, 137, 252, 275
hold 83
hole 137, 222
Hollywood 189
home 99, 132, **137**, 138
honorable 138
hop 111
hope 43, 46, **138**, 139
horse 81, 106

horseshoe 49
hot 115
house 70, 137, **139**, 252, 283
how 51, 56, 83, **139**, 150, 169, 185, 256, 261
hundred 61, 149
hungry 140
hunt 73, **140**
hunter 140
hunting 140
hurry 135
hurt 118, **141**, 167, 267
husband 141

[I]
I 121, 138, 153, 194, 233, 234
ice cream 45
if 8, 12, 14, 36, 38, 39, 52, 72, 74, 79, 95, 103, 108, 109, 111, 121, 123, 129, 135, 137, 183, 189, 208, 214, 216, 217, 222, 260, 275
ill 64
important 193, 201
impossible 142
include 125
indeed 131
index 91
infinite 4
infinity 142
inner 273
innocent 142
inside 143
instruction 42
intelligence 269
involve 260
iron 129
itch 107, 233

[J]

Jack 144
January 63
Jew 144
Jill 144
job 145, 251
joke 146
journey 132
journey 146
judge 146, 147
jug 179
jump 109, 111
June 104
jury 147
justice 147, 267

[K]

karma 148
Katie 74
Katy 74
keen 184
keep 71, 77, 89, 99, 110, 119, 130, 184, 239, 240
kick 19, 149
kid 233
kill 6, 56, 149, 150, 158, 242, 246, 260, 279
kindness 150
king 37, 151, 152
kingdom 152
kiss 112, 242
kitchen 10, 54
knee 68
know 43, 95, 116, 131, 153, 154, 155, 160, 174, 188, 208, 260, 267, 285
Kodak 190

[L]

labor 195
Labor Day 278
lady 114, 260
lamb 132, 167
last 28, 49, 68, 73, 79, 100, 113, 124
late 156, 230, 251
later 245
lather 156
laugh 156, 157, 216
law 157, 158
lawyer 158
lay 82
leader 159
leaf 159
leak 236
learn 160, 161, 189
learning 160
least 3, 7
leave 76, 98, 102, 123, 161, 174
left 131
lemon 162
lemonade 162
lend 70
less 125, 160, 232
let 6, 10, 21, 37, 38, 41, 49, 52, 53, 74, 77, 79, 103, 119, 120, 128, 158, 159, 209, 214, 226
level 277
lid 162
lie 72, 135, 162, 167, 267
life 38, 62, 145, 162, 163, 164, 165, 173, 224, 281
lifetime 189
light 19, 47
lightly 52
like 28, 32, 33, 38, 43, 78, 79, 81,

85, 97, 133, 141, **165**, 166, 170,
173, 213, 247, 256, 257, 283
limit 5, 211
lion 71, **167**
lip 189
listen 273
little 30, 58, 75, 98, 101, 116, 117,
150, **167**, 168, 180, 197, 214, 228,
236, 252, 261
live (v.) 52, 68, 76, 92, 123, 152,
154, **168**, 169, 170, 237
live (adj.) 39
living 137, 170
living room 54
load 106
loathe 174
local 261
lock 35
logic 96
London 234
long 1, 52, 63, 64, 102, 119, 150,
152, 167, 221, 250, 256
look 33, 145, 157, **170**, 171, 187
looker-on 114
loose 106
lord 67, 74, 105, 122, 212
lose 104, 109, 152, 157, 163, **171**,
197, 244, 271, 281
loser 175
lot 116, 170, **172**, 183, 256
love 36, 47, 108, 122, 141, 145,
172, 173, 174, 175, 212, 216, 240
lover 172
low 104
luck 38, **175**, 194
lucky 36, **176**

[M]
mad 66
madness 186
magician **178**
maid 54
mainly 225
make 15, 29, 30, 35, 45, 51, 52,
53, 56, 66, 67, 68, 70, 75, 77, 79,
89, 94, 95, 98, 109, 110, 117, 121,
124, 137, 141, 149, 159, 162, 175,
179, 181, 186, 189, 191, 192, 206,
209, 211, 212, 235, 268
male 96
mama 80, **178**
man 8, 44, 63, 67, 87, 91, 120,
123, 133, 138, 140, 146, 149, 158,
176, **178**, 179, 180, 181, 186, 201,
211, 216, 230, 234, 245, 256, 274,
283
manner 86
manual 42
many 56, 97, 139, 180, 186, 284
mare 191
marriage 76, **181**, 182
marry 122, **182**
Mary 54
master 71, 99, 191, 253
matter 19, 150, 173, 209, 290
may 11, 20, 37, 132, 212, 247, 260
maybe 104, 178
me 2, 15, 22, 23, 26, 39, 51, 58,
67, 85, 94, 95, 137, 166, 173, **183**,
186, 212, 235, 238, 252, 260, 263
mean 121, 173, **183**, 184, 250
meat **184**
medicine 244
meet 29, 231
mellow 103

memory 184, 185

merry 151

method 185, 186

might 57, 132

mile 146

milk 56

mill 122

mind 4, 40, 91, 122, **186**, 284

minute 92

mirror 186, 187

miss 187, 188, 277

Miss Molly 123

mistake 189

mister 34

misunderstand 125

mix 7

moment 27, **189**, 190

Monday 43, 179, 281

money 182, **190**, 191, 192

monkey 50

more 27, 31, 52, 90, 96, 119, 160, **192**, 201, 218

morning 76, **193**, 194

mortal 105

most 3, 35, 114, 131

mother 38, 62, 88, 91, 108, **194**, 284

motion 184

mountain 195

mouse 179, **195**, 219

mousetrap 42, **195**

mouth 41, 81, **196**

move 196, 197

much 13, 44, 85, 187, **197**, 256

must 62, 66, 104, 113, 131, 147, **198**, 224, 245

mustard 184

mystery 229

[N]

nail 152

name 72, 174, 185, **199**

Nantucket 181

nation 125

national 17

nature 107, 199, **200**, 201

near 122, 184, 237

necessary 87

need 3, 129, 179, 237

neither 224

net 101

new 52, 110, 161, 208, 237, 248

nice 115, 163, 197, **201**, 202, 204, 217, 248

nicely 15

night 28, 73, 193, **202**, 203

nobody 138, 166

noise 35

none 87, 109, 136, 235

no one 269

nor 4, 224

nose 110, 214

note 203

nothing 20, 87, 88, 106, 108, 124, **204**, 273

now 56, 69, 85, 116, 171, **204**, 260, 265

nowhere 78

number 5, 125, **205**

nurture 201

[O]

obtain 133

o'clock 206

odd 206

offer 206

office 63

oh   61
old   5, 97, 110, 151, 174, 180, **207**, 208, 237, 248, 283
once   31, 44, 46, 56, 64, 181, 238
one   19, 20, 26, 29, 40, 42, 49, 51, 67, 75, 77, 81, 83, 100, 107, 116, 122, 139, 149, 157, 163, 165, 170, 203, **208**, 209, 210, 238, 257, 259, 261, 274, 282, 290
only   19, 20, 26, 40, 42, 49, 67, 87, 99, 102, 106, 107, 117, 124, 139, 147, 163, 165, 208, 210
open   75, 245
opinion   144
opportunity   39, 265
other   127, 170, 235, 269
otherwise   282
ounce   69
out   100, 201, 208, **209**, 213
outhouse   32
outside   **209**, 257
over   79, 91, 113, 115, 191, 226, 244
ox   108

[P]
pain   218
papa   178
parade   224
paradise   63
parental   69
part   22, **210**
party   113
pass   46, 190, **211**, 257
past   169
pastime   17
pat   12
path   38, 195

patience   211
patient   70
pave   253, 254
pay   25, 117, 192, **211**, 212
peace   100, 147, **212**, 213, 276
peak   164
peck   82
people   8, 141, 172, 251, 259, 269, 273, 279
Peoria   217
perhaps   179
person   40, 154, 271
photographic   185
pick   41, 43, 106, 110, **213**, 214
picture   24
pig   **214**
pillow   3, 53
pimple   44
pink   83
place   61, **215**, 254, 283
plain   225
plan   **216**
planet   185
plant   27, 265
play   64, 97, 142, **217**
player   114
please   77, 79, 106, 185, **217**, 218
pleasure   **218**
plenty   192
pocket   134, 195
pond   111
poor   7, 157, **219**, 228
possible   22
pot   162
potahto   219
potato   **219**
potayto   219
pound   69

pour 84
poverty 175, 241
power 191, **220**
precede 227
prepare 40
president 63
pretty 116, 280
prevail 55, 147
prevent 99
price **220**, 221
prince 112
privilege 284
promise 231
protect 227
provide 122
public 269
pull 98
Punch 240
puppy 133
purr 38
put 5, 28, 89, 107, 128, 215, 237,
  263

[Q]
quality **221**
quarter **221**
quick 130
quickly 98
quiet 163
quite 54

[R]
rabbit 100, **222**
race 49, **223**
rain **224**, 225
rainbow 164, 225, **226**
raise 43, 80
Rapunzel 128

read 21, 28
reader 186
ready 99, **226**, 253
receive 118, 119
red 63
refresh 185
refuse 206
regret 163
rehearsal 78
reign 152
relative 281
remember 99, 135, 202, 221, 260
repeat 71, 156
reputation **227**
resistance **227**
responsibility 220
responsible 91
rest 21, 172
return 71
reveal 178
rhyme 57
rich 146, 157, **228**
riddle **229**
ride 78, **229**
right 48, 68, 107, 131, 203, **230**,
  285
rinse 156
rise 121
river 65
road 84, **231**, 254
rob 17
rooftop 247
room 161, 214
rope 52
rose **231**
rotten 46
rubber 231
rule 29, 139, 152

rumble   226
run   79, 277
runner   262

[S]
sack   84
sad   232
sail   236
sake   160
Sally   217
salt   109
same   91
save   91, 182
say   57, 68, 199, **232**, 234, 250
scholar   114
school   89, **233**
score   238
scratch   233
scream   149
screw   135
second   265
secret   178
see   20, 24, 83, 90, 99, 114, 126,
    127, 134, 135, 147, 153, 208, **234**,
    235, 280, 285
seek   277
seldom   105
sell   281
separately   131
serenity   2
serpent   282
servant   99, 191
serve   179
set   108
shake   131, **236**
Shakespeare   217
shall   88, 118, 131, 167, 194
shave   129

sheep   132
shine   134, 254, 255
ship   236
shirt   236, 237
shirtsleeve   236
shoe   3, 50, 146, **237**
shoot   238
shop   245
short   36, 78, 82, 164, 185, **239**
should   72, 127, 208, 251
show   192, 194, **239**, 240, 260
shower   240
shut   239, **240**
shy   36
side   136, 235
sight   89
sin   127, **240**, 241
sing   242
sink   236
sinner   240
sir   218, 289
sissy   5
sit   242
six   243
size   3, 72, 180
skin   237
slave   68
sleep   48, 68, 137, **244**
slide   78
slowly   122
small   24, 25, 46, 111, 122, 145,
    150, 210
smell   71, **244**, 245
smile   245, 246
smiling   245
smoke   246, 247
sneeze   50
snow   224, **247**, 248

soap   196
soft   16, 53
some   218, 224, 262, 282
someday   43
someone   58
something   28, 50, 108, 115, 161, 171, 188, 204, **248**, 260
somewhere   206, 226
son   249
soon   23, 107, 161, 289
Sophie   45
sore   89
sorry   249, 250
soul   122, 151
Spain   225
speak   11, 64, 100, 153, 174, 200, 249, **250**, 251
species   96
speed   185
speeding   94
spend   192
spider   104
split   74
spray   232
spy   104
staff   71
stale   4
stand   21, 84, 242, 248
star   238
start   251
state   4
statistics   162
stay   90, 132, 140, 225, **251**, 252
steam   60
stick   49, **252**
stink   102
stir   236
stop   48, 78, 137

stork   16
strange   107
stranger   61, 150
street   110, **252**, 253, 266
strong   93, 149, 284
student   253
stuff   77
success   91, **253**, 254
sucker   40
sudden   78
suffer   142
sufficient   87
sufficiently   106
sun   10, 134, **254**, 255
Sunday   281
sunshine   164, 193
supper   138
supply   65
sure   5
surgery   31
swallow   126
sweet   184
sweet-shop   43
swift   164, 223
swing   75
switch   19

[T]
tail   71
take   17, 25, 37, 40, 43, 106, 122, 123, 137, 159, 182, 205, 210, 240, 249, **256**, 257, 258, 285, 287
tale   233
talented   106
talk   11, 191, 240, **258**, 259, 275
taste   19
teach   35
teacher   89, 253

team   40, 257
tell   34, 56, 114, 147, 233, 239, **260**, 261, 266
thank   102, 211
thief   168
thin   228
thing   2, 8, 17, 21, 22, 29, 87, 96, 123, 168, 172, 202, 230, 257, **261**, 287
think   13, 53, 90, 111, **261**
thinking   124
third   176
thought   283
thousand   64, 203, 246
three   17, 73, 144, 159, 208, 236, 238, 261, 289
thrice   238
thumb   **261**, 262
tie   **262**
tight   191
time   46, 64, 83, 91, 95, 111, 156, 164, 176, 180, 193, 204, 215, 250, **262**, 263, 265, 267, 276
today   176, **263**
together   131, 216
tomahto   263
tomato   **263**
tomayto   263
tomorrow   33, 254, 263, **264**
tool   105
top   83, 244
torpedo   60
touch   **264**
tough   **265**
town   **265**
toy   180
treat   184
tree   242, **265**

triumph   87
trod   98
trout   104
true   76, 174
trust   36, **266**
truth   146, 162, 190, **266**, 267, 276
try   248, **267**
tune   97
turd   284
turkey   274
turn   35
twice   40, 44, 48, 238
twig   265
twin   86
twist   12
two   45, 81, 90, 130, 144, 208, 222, 238, 261, 262, 265, **268**
two-way   110, 266

[U]
ugly   252
underestimate   220, **269**
understand   135, 210, 260, **269**
uneasy   135
unexpected   88
unlucky   36
up   83, 85, 205, 239, 262, **270**
uphill   233
upright   84
U.S. Army   275
use   44, **271**
used   **271**, 272
useful   179

[V]
vacuum   **273**
valley   164
vanilla   45

variety　4
Vegas　132
velvet　129
verify　266
very　24, 179
victim　276
view　70
village　43
visit　241
voice　**273**
vomit　71
vote　**274**

[W]
wage　241
walk　107, 146, 191, 233, **275**
want　22, 29, 67, 68, 82, 85, 109,
　152, 154, 157, 218, 235, 254, **275**
war　100, 261, **276**
warm　133
warn　149
wash　128, 196
waste　150
watch　82, 121, 243, **276**
water　47, 257, **277**
watertight　112
way　6, 58, 83, 90, 107, 150, 167,
　170, 233, 244, 267, **277**, 285, 287
we　131, 141, 160, 202, 218, 250,
　278
weak　284
wear　50, 135, 211, 278
wedding　278
Wednesday　284
weed　58
welcome　165
well　11, 132, 139, 196, 277
wet　277

what　20, 21, 22, 24, 30, 52, 55, 66,
　68, 82, 105, 117, 131, 132, 135,
　143, 153, 165, 171, 172, 173, 188,
　198, 204, 206, 209, 210, 220, 234,
　235, 247, 252, 254, 258, 259, 263,
　270, 271, 275, 277, 285, 286, 287
whatever　149, 258
when　1, 3, 11, 50, 56, 63, 67, 68,
　75, 76, 107, 149, 153, 160, 162,
　175, 205, 216, 231, 233, 234, 244,
　253, 263
where　27, 31, 74, 102, 116, 120,
　135, 136, 192, 201, 212, 242, 248,
　251, 255, 281, 290
while　113, 115
white　82, 99, 247, **278**
whither　120
who　2, 14, 35, 38, 57, 60, 65, 68,
　88, 136, 153, 154, 158, 211, 235,
　237, 244, 270, **279**, 280
whole　11, 89, 122, 165, 267
whom　66
whore　10, 54
why　56, 202, 212, 263, **280**
wicked　213
wife　67, 141, 249, **281**
will　**281**
willing　121
win　62, 139, **281**, 282
window　75, 175
windy　48
wing　111, 121, 228
winning　40
winter　69
wipe　106
wisdom　5, 88
wise　43, **282**
wish　126, **283**

wishbone 253

wit 69

wither 4

woman 5, 128, 230, 237, 256, **283**, 284

wonder 263, 280

wood 97

wool 58

word 142, 246, 284

work 57, 85, 106, 145, 173, 182, 263

world 22, 40, 89, 92, 151, 162, 172, 195, 246, 254, **285**

worse 24

worst 50, 70, 262, **286**

worth 69, 246, **286**, 287

wrap 105, 229

wreck 41

write 41

wrong 151, 204, 215, **287**, 288

[Y]

year 46, 265

yellow 103, 247

yes 277, **289**

yesterday 289

yesteryear 248

Yorick 7

you 2, 6, 7, 13, 14, 15, 20, 22, 23, 24, 26, 27, 28, 35, 38, 39, 41, 43, 51, 65, 68, 78, 82, 85, 86, 89, 96, 99, 113, 114, 116, 117, 119, 126, 134, 135, 153, 154, 155, 156, 161, 163, 165, 169, 170, 171, 173, 175, 179, 181, 183, 186, 188, 195, 196, 208, 210, 213, 217, 218, 219, 227, 234, 235, 245, 247, 248, 250, 252, 259, 263, 269, 270, 275, 281, 285, **289**, 290

young 169

[Z]

zero 61

zipper 291

zit 44

zoo 95

山田詩津夫　（やまだ　しずお）

　1956 年生まれ．国際基督教大学 (ICU) 卒業．フリーランサーとして，英語の辞典や教材の執筆・編集，翻訳にたずさわるかたわら，イラストも手がける．

　著書に『問題ですよ 辞書の日本語――本邦初公開の辞書のトンデモ日本語案内――』（開拓社），『アメリカ人ならだれでも知っている英語フレーズ 4000』（小学館），訳書に『知性の進化――脳と心の潜在能力』（大修館書店，共訳）ほか，編集協力辞書に『ジーニアス英和辞典　第 5 版』（大修館書店），『ジーニアス和英辞典　第 3 版』（大修館書店）ほか，日本語文法とことばについての小論に『創造的日本語論 1　自動詞と他動詞』，『創造的日本語論 2　形容詞と形容動詞 1』，『コンピューターは人間のことばを使えるようになるか』（以上，アマゾンのキンドル本）がある．

ネイティブの常識表現が身につく
英語の慣用句・常套句小辞典

<一歩進める
英語学習・研究ブックス>

2024 年 3 月 25 日　第 1 版第 1 刷発行

著作者　　山田詩津夫
発行者　　武 村 哲 司
印刷所　　日之出印刷株式会社

発行所　　株式会社　開 拓 社

〒112-0013 東京都文京区音羽 1-22-16
電話　（03）5395-7101（代表）
振替　00160-8-39587
https://www.kaitakusha.co.jp